Weiterführend empfehlen wir:

Stellenbeschreibung öffentlicher und kirchlicher Dienst
ISBN 978-3-8029-7523-3

Das Stelleninterview zur Eingruppierung
ISBN 978-3-8029-1548-2

Eingruppierung TVöD-Bund in der Praxis
ISBN 978-3-8029-1575-8

Eingruppierung TV-L in der Praxis
ISBN 978-3-8029-1576-5

Tarifvertrag Sozial- und Erziehungsdienst
ISBN 978-3-8029-1563-5

Das gesamte Eingruppierungs-recht
ISBN 978-3-8029-7999-6

Das gesamte Arbeitsrecht
ISBN 978-3-8029-1989-3

BGB – Bürgerliches Gesetzbuch
ISBN 978-3-8029-1971-8

Weitere Titel unter: www.WALHALLA.de

E-Mail: WALHALLA@WALHALLA.de
http://www.WALHALLA.de

Walhalla Fachverlag · Haus an der Eisernen Brücke · 93042 Regensburg
Telefon 09 41/56 84-0 · Telefax 09 41/56 84-111

Achim Richter · Annett Gamisch

Grundlagen der Eingruppierung TVöD und TV-L

Das aktuelle und künftige Eingruppierungsrecht im öffentlichen Dienst

5., aktualisierte Auflage

WALHALLA
FACHVERLAG

Bibliografische Information der Deutschen Nationalbibliothek
Die Deutsche Nationalbibliothek verzeichnet diese Publikation in der Deutschen Nationalbibliografie; detaillierte bibliografische Daten sind im Internet über http://dnb.dnb.de abrufbar.

Zitiervorschlag:
Achim Richter, Annett Gamisch, Grundlagen der Eingruppierung TVöD und TV-L
Walhalla Fachverlag, Regensburg 2014

5., aktualisierte Auflage

Produktion: Walhalla Fachverlag, 93042 Regensburg
Umschlaggestaltung: grubergrafik, Augsburg
Druck und Bindung: Westermann Druck Zwickau GmbH
Printed in Germany
ISBN 978-3-8029-7524-0

PEP-WDZ-0115-12340-0

Schnellübersicht

Abkürzungen

a. a. O.	am angegebenen Ort
Abs.	Absatz
AP	Arbeitsrechtliche Praxis, Nachschlagewerk des Bundesarbeitsgerichts (Zeitschrift)
ArbG	Arbeitsgericht
ArbPlSchG	Arbeitsplatzschutzgesetz
ArbZG	Arbeitszeitgesetz
AuA	Arbeit und Arbeitsrecht (Zeitschrift)
AVO.Freiburg	Arbeitsvertragsordnung für den kirchlichen Dienst in der Erzdiözese Freiburg
AVR.Caritas	Richtlinien für Arbeitsverträge in den Einrichtungen des Deutschen Caritasverbandes
AVR.Diakonie	Arbeitsvertragsrichtlinien des Diakonischen Werkes in Deutschland
BAG	Bundesarbeitsgericht
BAT(-O)	Bundes-Angestelltentarifvertrag (Ost)
BB	Betriebs-Berater (Zeitschrift)
BBiG	Berufsbildungsgesetz
BEEG	Bundeselterngeld- und Elternzeitgesetz
BetrVG	Betriebsverfassungsgesetz
BGB	Bürgerliches Gesetzbuch
BMI	Bundesministerium des Innern
BMT-G II	Bundesmanteltarifvertrag für Arbeiter gemeindlicher Verwaltungen und Betriebe
BPersVG	Bundespersonalvertretungsgesetz
BT-K	Besonderer Teil Krankenhäuser
BurlG	Bundesurlaubsgesetz
BVerwG	Bundesverwaltungsgericht
bzgl.	bezüglich
bzw.	beziehungsweise
ca.	circa
EG	Entgeltgruppe
EStG	Einkommensteuergesetz
etc.	et cetera
EtzBAT	Entscheidungssammlung zum BAT

f., ff.	folgende
FallGr./FG	Fallgruppe
Fn.	Fußnote
GewO	Gewerbeordnung
ggf.	gegebenenfalls
ggü.	gegenüber
Hess. LAG	Hessisches Landesarbeitsgericht
Hess. VGH	Hessischer Verwaltungsgerichtshof
HPVG	Hessisches Personalvertretungsgesetz
i. V. m.	in Verbindung mit
JArbSchG	Jugendarbeitsschutzgesetz
KAVO.NRW	Kirchliche Arbeits- und Vergütungsordnung für die (Erz-)Bistümer Aachen, Essen, Köln, Münster (nordrhein-westfälischer Teil) und Paderborn
KSchG	Kündigungsschutzgesetz
LAG	Landesarbeitsgericht
LAG BW	Landesarbeitsgericht BW
LAG Rh-Pf	Landesarbeitsgericht Rheinland-Pfalz
LG	Lohngruppe
LPVG BW	Landespersonalvertretungsgesetz Baden-Württemberg
LPVG NRW/NW	Personalvertretungsgesetz für das Land Nordrhein-Westfalen
MAVO	Mitarbeitervertretungsordnung
MTArb	Manteltarifvertrag für Arbeiterinnen und Arbeiter des Bundes und der Länder
MuSchG	Mutterschutzgesetz
MVG.EKD	Kirchengesetz über Mitarbeitervertretungen in der Evangelischen Kirche in Deutschland
m. w. N.	mit weiteren Nachweisen
NachwG	Nachweisgesetz
Nds. OVG	Oberverwaltungsgericht Niedersachsen
NPersVG	Niedersächsisches Personalvertretungsgesetz
Nr./Nrn.	Nummer/n
NZA	Neue Zeitschrift für Arbeitsrecht (Zeitschrift)
NZA-RR	Neue Zeitschrift für Arbeitsrecht – Rechtsprechungsreport (Zeitschrift)

[O]	Orientierungssatz
o. g.	oben genannt
OVG	Oberverwaltungsgericht
OVG Rh-Pf	Oberverwaltungsgericht Rheinland-Pfalz
PersR	Der Personalrat (Zeitschrift)
PersV	Die Personalvertretung (Zeitschrift)
Rn.	Randnummer
RiA	Recht im Amt (Zeitschrift)
rkr.	rechtskräftig
S.	Seite
SächsPersVG	Sächsisches Personalvertretungsgesetz
SGB VIII	Sozialgesetzbuch – Achtes Buch
s. o.	siehe oben
sog.	sogenannt
StVZO	Straßenverkehrs-Zulassungs-Ordnung
s. u.	siehe unten
Thür. LAG	Thüringisches Landesarbeitsgericht
TV-Ärzte	Tarifvertrag für Ärztinnen und Ärzte an Universitätskliniken
TV-Ärzte/VKA	Tarifvertrag für Ärztinnen und Ärzte an kommunalen Krankenhäusern im Bereich der Vereinigung der kommunalen Arbeitgeberverbände
TV ATZ	Tarifvertrag zur Regelung der Altersteilzeit
TVG	Tarifvertragsgesetz
TV-H	Tarifvertrag für den öffentlichen Dienst im Land Hessen
TV-L	Tarifvertrag für den öffentlichen Dienst der Länder
TVöD	Tarifvertrag für den öffentlichen Dienst
TVöD-VKA	Tarifvertrag für den öffentlichen Dienst – Vereinigung der kommunalen Arbeitgeberverbände
TVÜ-VKA	Tarifvertrag zur Überleitung der Beschäftigten der kommunalen Arbeitgeber in den TVöD und zur Regelung des Übergangsrechts
TV-V	Tarifvertrag für Versorgungsbetriebe

TV-WW/NW	Tarifvertrag für Arbeitnehmer/innen in der Wasserwirtschaft in Nordrhein-Westfalen
TzBfG	Teilzeit- und Befristungsgesetz
u. a.	unter anderem
u. Ä.	und Ähnliches
Unterabs.	Unterabsatz
usw.	und so weiter
VergGr./VG	Vergütungsgruppe
VGH	Verwaltungsgerichtshof
VGH BW	Verwaltungsgerichtshof Baden-Württemberg
vgl.	vergleiche
VGO	Vergütungsordnung
VKA	Vereinigung der kommunalen Arbeitgeberverbände
z. B.	zum Beispiel
zit.	zitiert
ZMV	Die Mitarbeitervertretung (Zeitschrift)
ZPO	Zivilprozessordnung
ZTR	Zeitschrift für Tarifrecht (Zeitschrift)

Das neue alte Tarifrecht

Der TV-L ging vorweg – zieht der TVöD endlich nach? Möglicherweise kommt Bewegung in die Tarifverhandlungen zur neuen Entgeltordnung. In jedem Fall gilt:

Der alte und vielgescholtene Bundes-Angestelltentarifvertrag (BAT) wirkt länger, als Kritiker geglaubt oder befürchtet und Befürworter erwartet haben.

Die neue Entgeltordnung des TV-L bzw. TVöD-Bund ist keine Revolution, sondern stellt eine hier und da korrigierte Fortschreibung des alten Rechts dar. Neben alte und gestraffte Tätigkeitsmerkmale treten neue, unbestimmte Rechtsbegriffe. Für den TVöD-VKA wird wahrscheinlich nichts anderes gelten.

In beiden Fällen gilt:

Die Grundlagen der Eingruppierung müssen gelegt werden!

Ohne das sichere Fundament von Stellenbeschreibung, Arbeitsvorgang, Zeitanteil und der Bestimmung der vorzuhaltenden Fachkenntnisse kann nicht sicher eingruppiert werden. Jede Beschäftigung mit Tätigkeitsmerkmalen des TVöD und TV-L setzt voraus, dass die Bewertungsgrundlage sicher erfasst worden ist.

Die neueste Rechtsprechung des Bundesverwaltungsgerichts (08.11.2011, 6 P 23/10) zum Umfang der Mitbestimmung der Personalvertretung bei der Eingruppierung macht das professionelle Befassen mit den Eingruppierungsregeln noch wichtiger. Auch für Arbeitgeber mit Betriebsrat gilt: Die Arbeitnehmervertretungen haben mehr Rechte erhalten und damit auch die Pflicht und Aufgabe, jede Eingruppierung zu prüfen.

Dieser Fachratgeber erklärt die Ausgangslage und skizziert das aktuelle und künftige Eingruppierungsrecht im öffentlichen Dienst. Den Leserinnen und Lesern möchten wir den erfolgreichen Einstieg in das Thema Eingruppierung ermöglichen, um sich fundiert an anderer Stelle mit den Tätigkeitsmerkmalen der jeweiligen Entgeltordnung – TVöD/BAT bzw. TV-L – im Detail befassen zu können.

Ausschließlich im Interesse der Lesefreundlichkeit verwenden wir deshalb die männliche Sprachform.

Achim Richter *Annett Gamisch*

Das Eingruppierungsrecht des öffentlichen Dienstes

Das Eingruppierungsrecht des öffentlichen Dienstes war in der Vergangenheit recht übersichtlich geregelt: Neben den Eingruppierungsvorschriften für Arbeiter im BMT-G II und MTArb dominierte der Bundes-Angestelltentarifvertrag (BAT). Dieser gliedert sich zwar in zwei Fassungen mit im Detail unterschiedlichen Nummerierungen, dennoch bildeten die Vorschriften des BAT-Bund/Länder und BAT/VKA eine Einheit. Die kirchlichen Tarifwerke übernahmen den BAT mit mehr oder weniger Modifikationen.

Nach der Reform des Tarifrechts bricht diese Einheitlichkeit auseinander: Für die Versorgungswirtschaft gilt der TV-V (vgl. Richter/Gamisch, TV-V) mit vollständig eigenständigen Regelungen, der für die Wasserwirtschaft in NRW durch den TV-WW/NW flankiert wird. Das Eingruppierungsrecht der Ärzte hat sich über die Tarifverträge des Marburger Bundes verselbstständigt. Der TV-L hat zum 01.01.2012 eine neue Entgeltordnung in Kraft gesetzt, der TVöD-Bund zum 01.01.2014, die grundsätzlich dem alten System des BAT gleichen, aber vereinzelt eigene Akzente setzen. Die Diakonie der Evangelischen Kirche hat sich für die Diakonie (in Bayern) ein vollständig eigenständiges Eingruppierungsrecht gegeben, während die katholische Kirche und die Caritas weiterhin dem BAT folgen.

Wichtig: Diese unterschiedlichen Tarifwerke weisen weiterhin viele Gemeinsamkeiten auf, unterscheiden sich aber zum Teil erheblich im Detail.

Für die Grundlagen der Eingruppierung ist maßgeblich, ob zur Ermittlung der Eingruppierung

- Arbeitsvorgänge zu bilden sind oder
- auf Tätigkeiten abgestellt wird und
- welcher Zeitanteil maßgeblich ist.

Die Kernvorschrift im BAT-/TVöD-VKA

Im BAT-/TVöD-VKA gilt der sogenannte Grundsatz der Tarifautomatik: Der Mitarbeiter „wird" nicht, vielmehr „ist" er in eine Vergütungs- bzw. Entgeltgruppe eingruppiert (vgl. § 22 Abs. 1 BAT-VKA). Es erfolgt somit kein „Eingruppierungsakt", sondern eine

Das System der Eingruppierung im Überblick

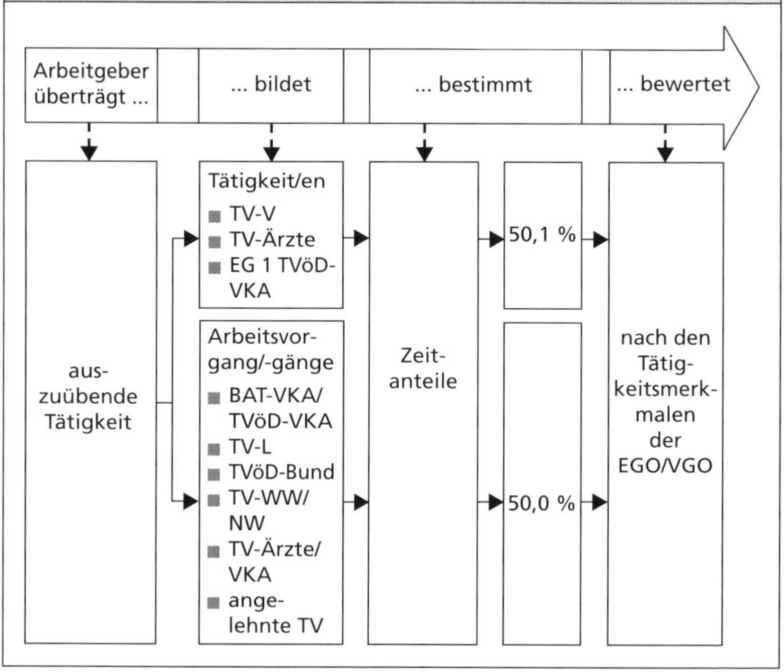

Quelle: IPW – Institut für PersonalWirtschaft GmbH

„automatische" Eingruppierung. Man spricht in diesem Zusammenhang von einem „Akt der Rechtsanwendung", mit dem die Äußerung einer Rechtsansicht durch den Arbeitgeber verbunden ist (vgl. BAG 27.07.1993, AP Nr. 110 zu § 99 BetrVG 1972; BAG 30.05.1990, AP Nr. 31 zu § 75 BPersVG).

Nach diesem Modell kann es folglich keine falsche Eingruppierung geben; sie ist immer korrekt. Es ist eine andere Frage, ob der Arbeitgeber das tarifgerechte Ergebnis erkannt hat (Richter/Gamisch, gEG, IV.B.4 S. 1 m. w. N.; Richter/Gamisch, EG AVR, S. 13; Richter/Gamisch/Henseleit, S. 84 f. jeweils m. w. N.). Objektive Fehler bei der Eingruppierung können deshalb grundsätzlich mit einer sogenannten korrigierenden Herabgruppierung beseitigt werden (vgl. Richter/Gamisch, gEG, B.13.3).

§ 22 BAT-VKA schreibt vor, dass im Rahmen der Tarifautomatik zur Bewertung der Tätigkeit Arbeitsvorgänge gebildet werden, denen Zeitanteile zugeordnet werden.

§

BAT-VKA § 22 Eingruppierung

(1) Die Eingruppierung der Angestellten richtet sich nach den Tätigkeitsmerkmalen der Vergütungsordnung (Anlage 1a und 1b). Der Angestellte erhält Vergütung nach der Vergütungsgruppe, in der er eingruppiert ist.

(2) Der Angestellte **ist** in der Vergütungsgruppe **eingruppiert**, deren **Tätigkeitsmerkmalen** die gesamte von ihm nicht nur vorübergehend **auszuübende Tätigkeit** entspricht.

Die gesamte auszuübende Tätigkeit entspricht den **Tätigkeitsmerkmalen** einer Vergütungsgruppe, wenn **zeitlich mindestens die Hälfte Arbeitsvorgänge** anfallen, die für sich genommen die Anforderungen eines Tätigkeitsmerkmals oder mehrerer Tätigkeitsmerkmale dieser Vergütungsgruppe erfüllen. Kann die Erfüllung einer Anforderung in der Regel erst bei der Betrachtung mehrerer Arbeitsvorgänge festgestellt werden (z. B. vielseitige Fachkenntnisse), sind diese Arbeitsvorgänge für die Feststellung, ob diese Anforderung erfüllt ist, insoweit **zusammen zu beurteilen**.

Werden in einem Tätigkeitsmerkmal mehrere Anforderungen gestellt, gilt das in Unterabsatz 2 Satz 1 bestimmte Maß, ebenfalls bezogen auf die gesamte auszuübende Tätigkeit für jede Anforderung.

Ist in einem Tätigkeitsmerkmal ein von Unterabsatz 2 oder 3 abweichendes zeitliches Maß bestimmt, gilt dieses.

Ist in einem Tätigkeitsmerkmal als Anforderung eine Voraussetzung in der Person des Angestellten bestimmt, muss auch diese Anforderung erfüllt sein.

(3) Die Vergütungsgruppe des Angestellten ist im Arbeitsvertrag anzugeben.

Protokollerklärung zu Absatz 2:

1. **Arbeitsvorgänge** sind Arbeitsleistungen (einschließlich Zusammenhangsarbeiten), die, bezogen auf den Aufgabenkreis des Angestellten, zu einem bei natürlicher Betrachtung abgrenzbaren Arbeitsergebnis führen (z. B. die unterschriftsreife Bearbeitung eines Aktenvorgangs, Erstellung eines EKG, Fertigung einer Bauzeichnung, Eintragung in das Grundbuch, Konstruktion einer Brücke oder eines Brückenteils, Bearbeitung eines Antrags auf Wohngeld, Festsetzung einer Leistung nach dem Bundessozialhilfegesetz). **Jeder einzelne Arbeitsvorgang ist als solcher zu bewerten und darf dabei hinsichtlich der Anforderungen zeitlich nicht aufgespalten werden.**

2. Eine Anforderung im Sinne des Unterabsatzes 2 ist auch das in einem Tätigkeitsmerkmal geforderte Herausheben der Tätigkeit aus einer niedrigeren Vergütungsgruppe.

(Hervorhebungen durch die Verfasser)

Die Regelungen des § 22 BAT-VKA sind auch im neuen Tarifvertrag für den Sozial- und Erziehungsdienst zu beachten. Denn der neue Tarifvertrag zum Sozial- und Erziehungsdienst ergänzt bzw. ändert lediglich die geltenden Tarifbestimmungen des TVöD- und TVÜ-VKA.

Gemäß § 17 Abs. 1 TVÜ-VKA gelten die Grundsätze zur Eingruppierung, wie sie in den §§ 22, 23 BAT-VKA näher bestimmt sind, so lange weiter, bis neue Eingruppierungsvorschriften zum TVöD in Kraft treten. Diese Regelung gilt grundsätzlich auch für die Neuregelungen zum Tarifvertrag Sozial- und Erziehungsdienst (TV SuE), da darin keine eigenen Regelungen getroffen wurden.

So ergänzt der **Änderungstarifvertrag** lediglich § 17 TVÜ-VKA:

§ 17 TVÜ-VKA

– gilt die Vergütungsordnung nicht für Beschäftigte, die nach dem Anhang zu der Anlage C (VKA) zum TVöD eingruppiert sind, ...

(vgl. Änderungstarifvertrag Nr. 3 vom 27.07.2009 TVÜ-VKA)

Darüber hinaus regelt § 23 BAT-VKA:

BAT-VKA § 23 Eingruppierung in besonderen Fällen

Ist dem Angestellten eine andere, höherwertige Tätigkeit nicht übertragen worden, hat sich aber die ihm übertragene Tätigkeit (§ 22 Abs. 2 Unterabs. 1) nicht nur vorübergehend derart geändert, dass sie den Tätigkeitsmerkmalen einer höheren als seiner bisherigen Vergütungsgruppe entspricht (§ 22 Abs. 2 Unterabs. 2 bis 5), und hat der Angestellte die höherwertige Tätigkeit ununterbrochen sechs Monate lang ausgeübt, ist er mit Beginn des darauffolgenden Kalendermonats in der höheren Vergütungsgruppe eingruppiert. Für die zurückliegenden sechs Kalendermonate gilt § 24 Abs. 1 sinngemäß.

Ist die Zeit der Ausübung der höherwertigen Tätigkeit durch Urlaub, Arbeitsbefreiung, Arbeitsunfähigkeit oder Vorbereitung auf eine Fachprüfung für die Dauer von insgesamt nicht mehr als sechs Wochen unterbrochen worden, wird die Unterbrechungszeit in die Frist von sechs Monaten eingerechnet. Bei einer längeren Unterbrechung oder bei einer Unterbrechung aus anderen Gründen

> beginnt die Frist nach der Beendigung der Unterbrechung von neuem.
>
> Wird dem Angestellten vor Ablauf der sechs Monate wieder eine Tätigkeit zugewiesen, die den Tätigkeitsmerkmalen seiner bisherigen Vergütungsgruppe entspricht, gilt § 24 Abs. 1 sinngemäß.

Die Regelung deckt die dynamische Entwicklung der beruflichen Anforderungen und damit das Anwachsen der Arbeitsanforderungen ab: Der Arbeitgeber überträgt keine anderen Tätigkeiten, greift somit nicht aktiv in die auszuübende Tätigkeit an sich ein. Vielmehr erhöhen sich bei gleichbleibender Aufgabenstellung die fachlichen Anforderungen: Der Beschäftigte muss – um nach wie vor die gestellten Aufgaben lösen zu können – mehr Wissen und Können einsetzen. Daher ändert sich nicht der Arbeitsauftrag (auszuübende Tätigkeit), sondern die dabei zu beachtenden Rahmenbedingungen. Dies kann sowohl die rechtlichen als auch die fachlichen Grundlagen der Arbeit betreffen (z. B. neue bzw. geänderte Gesetze, technische Neuerungen).

Die Kernvorschrift im TV-L

§ 12 TV-L folgt dem Modell des § 22 BAT und beschränkt sich auf redaktionelle Abweichungen.

> **§ 12 TV-L**
>
> (1) [1]Die Eingruppierung der/des Beschäftigten richtet sich nach den Tätigkeitsmerkmalen der Entgeltordnung (Anlage A). [2]Die/Der Beschäftigte erhält Entgelt nach der Entgeltgruppe, in der sie/er **eingruppiert** ist. [3]Die/Der Beschäftigte ist in der Entgeltgruppe eingruppiert, deren **Tätigkeitsmerkmale** die gesamte von ihr/ihm nicht nur vorübergehend auszuübende Tätigkeit entspricht. [4]Die gesamte auszuübende Tätigkeit entspricht den **Tätigkeitsmerkmalen** einer Entgeltgruppe, wenn **zeitlich mindestens zur Hälfte Arbeitsvorgänge** anfallen, die für sich genommen die Anforderungen eines Tätigkeitsmerkmals oder mehrerer Tätigkeitsmerkmale dieser Entgeltgruppe erfüllen. [5]Kann die Erfüllung einer Anforderung in der Regel erst bei der Betrachtung mehrerer Arbeitsvorgänge festgestellt werden (z. B. vielseitige Fachkenntnisse), sind diese Arbeitsvorgänge für die Feststellung, ob diese Anforderung erfüllt ist, insoweit **zusammen zu beurteilen.** [6]Werden in einem Tätigkeitsmerkmal mehrere Anforderungen gestellt, gilt das in Satz 4 bestimmte Maß, ebenfalls bezogen auf die gesamte auszuübende Tätigkeit, für jede Anforderung. [7]Ist in einem Tätigkeitsmerkmal ein

von Satz 4 oder 6 abweichendes zeitliches Maß bestimmt, gilt dieses. [8]Ist in einem Tätigkeitsmerkmal als Anforderung eine Voraussetzung in der Person der/des Beschäftigten bestimmt, muss auch diese Anforderung erfüllt sein.

(2) Die Entgeltgruppe der/des Beschäftigten ist im Arbeitsvertrag anzugeben.

Protokollerklärung zu Absatz 1:

1. [1]**Arbeitsvorgänge** sind Arbeitsleistungen (einschließlich Zusammenhangsarbeiten), die, bezogen auf den Aufgabenkreis der/des Beschäftigten, zu einem bei natürlicher Betrachtung abgrenzbaren Arbeitsergebnis führen (z. B. unterschriftsreife Bearbeitung eines Aktenvorgangs, eines Widerspruchs oder eines Antrags, Betreuung bzw. Pflege einer Person oder Personengruppe, Fertigung einer Bauzeichnung, Erstellung eines EKG, Durchführung einer Unterhaltungs- bzw. Instandsetzungsarbeit). [2]Jeder einzelne Arbeitsvorgang ist als solcher zu bewerten und darf dabei hinsichtlich der Anforderungen zeitlich nicht aufgespalten werden.
2. Eine Anforderung im Sinne der Sätze 4 und 5 ist auch das in einem Tätigkeitsmerkmal geforderte Herausheben der Tätigkeit aus einer niedrigeren Entgeltgruppe.

(Hervorhebungen durch die Verfasser)

Wichtig: Im TV-L müssen für alle Beschäftigten Arbeitsvorgänge gebildet werden, das heißt auch für Beschäftigte, die in die EG 1 TV-L eingruppiert sind, sowie für ehemalige Arbeiter, deren Eingruppierung sich nach Teil III Anlage A TV-L richtet (vgl. Richter/Gamisch, TV-L, S. 14 ff.; Richter/Gamisch, gEG, IV.B.7 S. 1 ff.).

TV-L § 13 Eingruppierung in besonderen Fällen

[1]Ist der/dem Beschäftigten eine andere, höherwertige Tätigkeit nicht übertragen worden, hat sich aber die ihr/ihm übertragene Tätigkeit (§ 12 Abs. 1 Satz 3) nicht nur vorübergehend derart geändert, dass sie den Tätigkeitsmerkmalen einer höheren als ihrer/seiner bisherigen Entgeltgruppe entspricht (§ 12 Abs. 1 Satz 4 bis 8), und hat die/der Beschäftigte die höherwertige Tätigkeit ununterbrochen sechs Monate lang ausgeübt, ist sie/er mit Beginn des darauffolgenden Kalendermonats in der höheren Entgeltgruppe eingruppiert. [2]Für die zurückliegenden sechs Kalendermonate gilt § 14 sinngemäß. [3]Ist die Zeit der Ausübung der höherwertigen Tätigkeit durch Urlaub, Arbeitsbefreiung, Arbeitsunfähigkeit oder Vorbereitung auf eine Fachprüfung für die Dauer von insgesamt nicht mehr als sechs Wochen unterbrochen worden, wird die Unterbrechungszeit in die

Frist von sechs Monaten eingerechnet. [4]Bei einer längeren Unterbrechung oder bei einer Unterbrechung aus anderen Gründen beginnt die Frist nach der Beendigung der Unterbrechung von neuem. [5]Wird der/dem Beschäftigten vor Ablauf der sechs Monate wieder eine Tätigkeit zugewiesen, die den Tätigkeitsmerkmalen ihrer/seiner bisherigen Entgeltgruppe entspricht, gilt § 14 sinngemäß.

Die Kernvorschrift im TVöD-Bund

§ 12 (Bund) Eingruppierung

(1) [1]Die Eingruppierung der/des Beschäftigten richtet sich nach dem Tarifvertrag über die Entgeltordnung des Bundes (TV EntgO Bund). [2]Die/Der Beschäftigte erhält Entgelt nach der Entgeltgruppe, in der sie/er eingruppiert ist.

(2) [1]Die/Der Beschäftigte ist in der Entgeltgruppe eingruppiert, deren Tätigkeitsmerkmalen die gesamte von ihr/ihm nicht nur vorübergehend auszuübende Tätigkeit entspricht. [2]Die gesamte auszuübende Tätigkeit entspricht den Tätigkeitsmerkmalen einer Entgeltgruppe, wenn zeitlich mindestens zur Hälfte Arbeitsvorgänge anfallen, die für sich genommen die Anforderungen eines Tätigkeitsmerkmals oder mehrerer Tätigkeitsmerkmale dieser Entgeltgruppe erfüllen. [3]Kann die Erfüllung einer Anforderung in der Regel erst bei der Betrachtung mehrerer Arbeitsvorgänge festgestellt werden (z. B. vielseitige Fachkenntnisse), sind diese Arbeitsvorgänge für die Feststellung, ob diese Anforderung erfüllt ist, insoweit zusammen zu beurteilen. [4]Werden in einem Tätigkeitsmerkmal mehrere Anforderungen gestellt, gilt das in Satz 2 bestimmte Maß, ebenfalls bezogen auf die gesamte auszuübende Tätigkeit, für jede Anforderung. [5]Ist in einem Tätigkeitsmerkmal ein von Satz 2 oder 4 abweichendes zeitliches Maß bestimmt, gilt dieses. [6]Ist in einem Tätigkeitsmerkmal als Anforderung eine Voraussetzung in der Person der/des Beschäftigten bestimmt, muss auch diese Anforderung erfüllt sein.

Protokollerklärungen zu Absatz 2:

1. [1]Arbeitsvorgänge sind Arbeitsleistungen (einschließlich Zusammenhangsarbeiten), die, bezogen auf den Aufgabenkreis der/des Beschäftigten, zu einem bei natürlicher Betrachtung abgrenzbaren Arbeitsergebnis führen (z. B. unterschriftsreife Bearbeitung eines Aktenvorgangs, eines Widerspruchs oder eines Antrags, Betreuung bzw. Pflege einer Person oder Personengruppe, Fertigung einer Bauzeichnung, Erstellung eines EKG, Durchführung einer Unterhaltungs- bzw. Instandsetzungsarbeit). [2]Jeder einzelne Arbeitsvorgang ist als solcher zu bewerten und darf dabei

hinsichtlich der Anforderungen zeitlich nicht aufgespalten werden.

2. Eine Anforderung im Sinne der Sätze 2 und 3 ist auch das in einem Tätigkeitsmerkmal geforderte Herausheben der Tätigkeit aus einer niedrigeren Entgeltgruppe.

(3) Die Entgeltgruppe der/des Beschäftigten ist im Arbeitsvertrag anzugeben.

Die neue Kernvorschrift im TVöD-VKA

Bei der Reform des Tarifrechts im öffentlichen Dienst wurde das Eingruppierungsrecht ausgeklammert. Neue Eingruppierungsvorschriften existieren lediglich für den TV-L und den TVöD-Bund, die neue Leichtlohngruppe (Entgeltgruppe 1; vgl. Kapitel 6) und die Ärzte (§ 51 BT-K bzw. die Tarifverträge für Ärzte des Marburger Bundes).

Neuregelungen zur Eingruppierung im Sozial- und Erziehungsdienst bestehen zudem seit dem 01.11.2009 (vgl. Richter/Gamisch, TVSuE; Richter/Gamisch, gEG, D.1.17). Diese haben aber nur vorläufigen Charakter. Sie gelten bis zum Inkrafttreten der neuen Entgeltordnung zum TVöD-VKA (siehe § 1 der Anlage zu § 56 TVöD-VKA BT-V). Für alle anderen Beschäftigten im TVöD-VKA sind die Eingruppierungsregelungen des BAT-VKA weiterhin anzuwenden. Es besteht Einigkeit, dass im Grunde die Systematik des § 22 BAT fortgeführt wird (siehe Richter/Gamisch, AuA 2008, S. 106 ff.). Die neue Eingruppierungsvorschrift soll folgenden Wortlaut haben:

§ 12 TVöD-VKA – künftige Fassung

(1) Die Eingruppierung des/der Beschäftigten richtet sich nach den Tätigkeitsmerkmalen der Entgeltordnung (...). Der/Die Beschäftigte erhält Entgelt nach der Entgeltgruppe, in der er/sie eingruppiert ist. Die/Der Beschäftigte ist in der Entgeltgruppe eingruppiert, deren Tätigkeitsmerkmalen die gesamte von ihm/ihr nicht nur vorübergehend auszuübende Tätigkeit entspricht. Die gesamte auszuübende Tätigkeit entspricht den Tätigkeitsmerkmalen einer Entgeltgruppe, wenn zeitlich mindestens zur Hälfte Arbeitsvorgänge anfallen, die für sich genommen die Anforderungen eines Tätigkeitsmerkmals oder mehrerer Tätigkeitsmerkmale dieser Entgeltgruppe erfüllen.

Die Protokollerklärung Nr. 1 zu § 22 BAT-VKA soll einen geänderten Klammerzusatz erhalten:

> „(z. B. unterschriftsreife Bearbeitung eines Aktenvorgangs, eines Widerspruchs oder eines Antrags auf Wohngeld, Betreuung oder Pflege einer Person oder Personengruppe, Fertigung einer Bauzeichnung, Erstellung eines EKG, Durchführung einer Unterhaltungs- oder Instandsetzungsarbeit)"
>
> (Steinherr, ZTR 2005, S. 303)

Neben diesen Grundregeln wird die Entgeltordnung auch in Zukunft am System der unterschiedlichen Qualifikationsebenen festhalten:

Übersicht: System der Qualifikationsebenen		
EG 1–4	Un-/Angelernte	Beschäftigte mit Tätigkeiten, die keine oder eine unter dreijährige Ausbildung in einem Ausbildungsberuf gemäß BBiG voraussetzen
EG 5–8	dreijährige Ausbildung erforderlich	Beschäftigte mit Tätigkeiten, die eine Ausbildung gemäß BBiG von drei Jahren voraussetzen
EG 9–12	Fachhochschul-/ Bachelor-Abschluss	Beschäftigte mit Tätigkeiten, die einen Fachhochschul- bzw. Bachelor-Abschluss voraussetzen
EG 13–15	Wissenschaftlicher Hochschul-/Masterabschluss	Beschäftigte mit Tätigkeiten, die einen wissenschaftlichen Hochschul- bzw. Master-Abschluss voraussetzen

(vgl. Bremecker/Hock/Klapproth 2005, S. 74; zu den neuen Hochschulabschlüssen siehe auch Richter/Gamisch, RiA 2009, S. 97 ff.).

Exkurs: Die Kirchen

Die kirchlichen Tarife folgen entweder dem BAT (z. B. AVR.Caritas, KAVO.NRW, KAVO.Trier, AVO.Freiburg) oder treffen eigenständige Regelungen, die keine Parallelen mit dem BAT aufweisen (vgl. Richter/Gamisch, EG AVR, Richter/Gamisch/Henseleit).

Die Bewertung der Arbeit

Für die Bewertung der Arbeit und die Ermittlung der Eingruppierung ist gemäß § 22 BAT-VKA bzw. § 12 TV-L/TVöD-Bund allein die „auszuübende" Tätigkeit maßgeblich, die mindestens 50 Prozent der Gesamtarbeitszeit umfasst.

Wichtig: Nicht die „ausgeübte" Tätigkeit!

Auszuübende Tätigkeit ist die vom Arbeitgeber übertragene Tätigkeit. Die auszuübende Tätigkeit ergibt sich damit regelmäßig aus dem Arbeitsvertrag. Für die Eingruppierung sind somit allein die Tätigkeiten maßgeblich, die der Arbeitgeber auf Basis des Arbeitsvertrags übertragen und im Rahmen seines Direktionsrechts ggf. weiter konkretisiert hat (vgl. BAG 26.03.1997, AP Nr. 223 zu §§ 22, 23 BAT 1975 m. w. N.).

Damit stellt sich die Frage, wer diese Arbeitgeberfunktion innehat. Das ist in der Regel die Personal- bzw. Organisationsabteilung als personalbewirtschaftende Stelle. Überträgt ein dazu nicht befugter Vorgesetzter einem Beschäftigten höherwertige Tätigkeiten, führt dies nicht zu einem tariflichen Anspruch auf höhere Vergütung, da die höherwertige Tätigkeit aufgrund der unsachgemäßen Übertragung nicht zur auszuübenden Tätigkeit geworden ist. Der automatische Anspruch auf eine tarifkonforme Vergütung setzt somit erst dann ein, wenn die entsprechenden Tätigkeiten durch das sachlich zuständige Organ der Dienststelle übertragen oder zumindest stillschweigend geduldet wurden (vgl. BAG 26.03.1997, AP Nr. 223 zu §§ 22, 23 BAT 1975; BAG 05.05.1999, AP Nr. 268 zu §§ 22, 23 BAT 1975).

Die nachfolgenden Ausführungen gelten entsprechend für an den BAT angelehnte Tarifverträge.

Summarische/Analytische Bewertung

Arbeitsbewertung

Grundlage	Arbeitswert	
Bestimmung	➡ nach der Schwierigkeit der Aufgabe ➡ der an den Arbeitnehmer gestellten Arbeitsanforderungen	
Verfahren	**summarisch**	**analytisch**
qualitativ (Bestimmung des Arbeitswerts)	Gesamteinschätzung anhand der Kriterien ➡ Kenntnisse (Ausbildung) ➡ Fähigkeiten ➡ Verantwortung	keine Gesamteinschätzung mehrere arbeitsbestimmende Einzelmerkmale, z. B. ➡ Können ➡ Belastung ➡ Verantwortung ➡ Arbeitsbedingungen
qualitativ (Abstufung der unterschiedlichen Schwierigkeitsgrade)	durch die Bildung von ➡ Katalogen/ Lohngruppen	durch die Bildung von ➡ Rangreihen oder ➡ Stufenwertzahlen
Praxis	Vergütungs-/ Entgeltordnungen für Arbeitnehmer	z. B. Bewertung von Beamtenstellen

Die Tarifverträge des öffentlichen Dienstes sehen ein sogenanntes summarisches Bewertungsverfahren vor. Dabei erfolgt zunächst eine qualitative Gesamteinschätzung der an den Arbeitnehmer gestellten Anforderungen anhand vorgegebener Bewertungskriterien (Tätigkeitsmerkmale). Bei diesen handelt es sich im Wesentlichen um die Merkmale Kenntnisse (Ausbildung), Fähigkeiten und Verantwortung. Sie bestimmen den Schwierigkeitsgrad der Aufgabenstellung. Dabei bilden die Merkmalsarten Kenntnisse/Ausbildung und Fähigkeiten die fachliche Schwierigkeit der Aufgabenstellung ab, das Merkmal der Verantwortung hingegen die Folgen des Handelns. Diese Folgen ergeben sich aus den mit der Aufgabe übertragenen Entscheidungsrechten. Beide Merkmalsarten zusammengefasst verdeutlichen, dass es bei der Eingruppierung regelmäßig auf die Fach- und Entscheidungskompetenzen im Rahmen der Aufgabenerfüllung ankommt. Diese Anforderungen werden in einem weiteren Schritt quantifiziert, in dem die unterschiedlichen Schwierigkeitsgrade der Arbeiten zueinander ins Verhältnis gesetzt und unterschiedlichen Vergütungs-/Entgeltgruppen zugeordnet (katalogisiert) werden.

Dieses Modell muss von der sogenannten analytischen Stellenbewertung abgegrenzt werden und darf nicht miteinander vermengt werden (so aber Fey, ZMV 1997, S. 226; Herzberg/Schlusen 2001 ff., Kapitel B, Abschnitt 3, Rn. 34). Beim sogenannten analytischen Verfahren, das in der Praxis regelmäßig bei der Dienstpostenbewertung der (Kommunal-)Beamten eingesetzt wird, erfolgt hingegen keine qualitative Gesamteinschätzung der übertragenen Tätigkeit. Vielmehr werden die qualitativen Anforderungen an die Arbeit durch mehrere Einzelmerkmale in ihren (wesentlichen) Einzelheiten beschrieben. Der Schwierigkeitsgrad der zu erbringenden Arbeitsleistung wird aus einer qualitativen Analyse dieser arbeitsbestimmenden Einzelmerkmale (z. B. Können, Belastung, Verantwortung, Arbeitsbedingungen) ermittelt. Die Quantifizierung (Einstufung) richtet sich dann nach dem sogenannten Rangreihenverfahren oder dem Stufenwertzahlverfahren (einführend siehe Richter/Kaufmann, AuA 5/2005, S. 282 ff.; vertiefend Scholz 2000, S. 736 ff.).

Praxis-Tipp:
§ 22 BAT-VKA bzw. § 12 TV-L/TVöD-Bund treffen für die Eingruppierung eine bindende und abschließende Regelung, die sich als summarische Arbeitsbewertung darstellt. Das BAG hat entschieden, dass eine analytische Stellenbewertung, wie sie bei (Kirchen-)Beamten vorgenommen wird, im Geltungsbereich des BAT nicht anwendbar ist (BAG 15.02.1971, AP Nr. 38 zu §§ 22, 23 BAT und BAG 14.08.1985, AP Nr. 109 zu §§ 22, 23 BAT 1975).

Unerheblich für die Eingruppierung

Folgende Aspekte sind für die Eingruppierung ohne Bedeutung:

- Stellenanzeigen und Ausschreibungstexte
- Stellenpläne
- Angabe der Vergütungs-/Entgeltgruppe im Arbeitsvertrag

- ausgewiesene Stellen im Haushalts- oder Stellenplan
- Beschlüsse politischer Gremien
- Bewertungen von Stellenbewertungskommissionen
- Einarbeitungszeit (Grundsatz; beachte einzelne Ausnahmen in Anlage 1a BAT-VKA)
- Eingruppierung vergleichbarer (früherer) Beschäftigter (Angestellte, Arbeiter, Beamte)
- Eingruppierungsrichtlinien einer Tarifvertragspartei
- Geschäftsverteilungspläne
- Qualität der geleisteten Arbeit
- Quantität der geleisteten Arbeit
- Schlüsselqualifikationen (z. B. Kontaktfähigkeit, Phantasie, Eigeninitiative, Verhandlungsgeschick)

(vgl. Richter/Gamisch, gEG, IV.B.4 S. 1 f.; zum Mischmodell von ver.di siehe Fieg/Rothländer, ZTR 2008, S. 410 ff.)

Die Eingruppierungsregeln sind vielmehr so aufgebaut, dass sich die Anforderungen an die Fach- und/oder Entscheidungskompetenz mit jeder Entgelt-, Vergütungs- bzw. Lohngruppe erhöhen/ansteigen. Die einzelnen Anforderungen bauen demnach grundsätzlich aufeinander auf (sog. Baukastenprinzip). Zur Abgrenzung der Anforderungen bedient sich die Vergütungs-/Entgeltordnung darüber hinaus sogenannter Aufbaumerkmale. Ein Aufbaumerkmal in diesem Sinne liegt nur vor, wenn das Tätigkeitsmerkmal ein „Herausheben“ aus dem in Bezug genommenen Tätigkeitsmerkmal der niedrigeren Entgelt-/Vergütungsgruppe ausdrücklich vorsieht. Bei solchen Aufbaumerkmalen ist zunächst zu prüfen, ob die Anforderungen der Ausgangsgruppe und anschließend diejenigen der qualifizierenden Merkmale der höheren Entgelt-/Vergütungsgruppe(n) erfüllt sind (vgl. BAG 12.05.2004, AP Nr. 301 zu §§ 22, 23 BAT 1975).

Dabei gilt es zu beachten, dass Umstände, die für die Erfüllung eines Merkmals einer Aufbau(fall)gruppe berücksichtigt worden sind, grundsätzlich nicht noch einmal für die Erfüllung eines Heraushebungsmerkmals einer höheren Aufbau(fall)gruppe herangezogen werden können. Von diesem Grundsatz kann abgewichen werden, wenn der Mitarbeiter ausschließlich oder im Wesentlichen eine oder mehrere hochwertige Tätigkeiten auszuüben hat, so dass bei der Prüfung der Erfüllung der Merkmale der niedrigeren Aufbau(fall)gruppen keine geringerwertigen Tätigkeiten herangezogen werden können. In diesem Fall kann bei der Prüfung der Voraussetzungen der niedrigeren Aufbaufallgruppen auf Teilaufgaben oder Teilfunktionen der auszuübenden hochwertigen Tätigkeit abgestellt werden (BAG 07.05.2008, AP Nr. 37 zu §§ 22, 23 BAT-O).

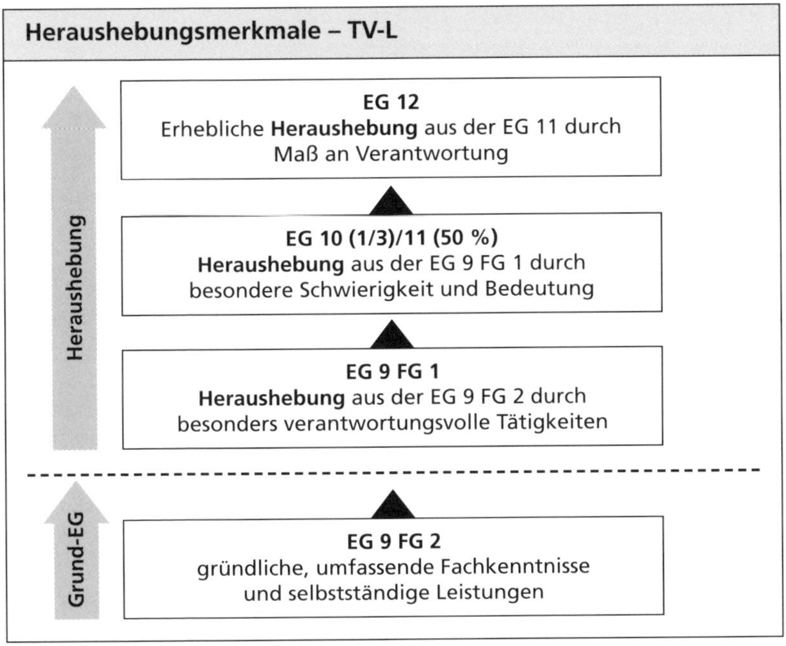

Quelle: IPW – Institut für PersonalWirtschaft GmbH

Die Ausbildung als subjektives Merkmal

An verschiedenen Stellen fordert das Tarifrecht ausdrücklich eine Ausbildung. Man spricht von einem subjektiven Merkmal. Diese Ausbildung ist entweder unverzichtbar (z. B. bei Ärzten) oder kann durch anderweitige berufliche Qualifikationen oder Erfahrungswissen ersetzt werden. Das Tarifrecht hat in diesem Fall den Begriff des „sonstigen Angestellten" bzw. des „sonstigen Beschäftigten" geprägt. Diesen kennen die Eingruppierungsbestimmungen in fast allen Teilen der Vergütungs- bzw. Entgeltordnung (für den Sozial-

und Erziehungsdienst siehe z. B. Richter/Gamisch, TVSuE; Richter/Gamisch, gEG, IV.D.1).

Über- und Unterstellungsverhältnisse

Schließlich können sich Über- und Unterstellungsverhältnisse auf die Eingruppierung auswirken. Entweder fordert das Eingruppierungsmerkmal ausdrücklich die Nachordnung von Mitarbeitern (z. B. im Sparkassendienst) oder diese wird rechtlich bewertet, wenn ein Heraushebungsmerkmal vorliegen soll (z. B. besonders verantwortungsvolle Tätigkeiten, Bedeutung, erhebliches Maß an Verantwortung).

Der Arbeitsvorgang

Der Arbeitsvorgang ist im TVöD/TV-H/BAT bzw. TV-L/TVöD-Bund die für die Tätigkeitsbewertung allein maßgebliche Bewertungseinheit. Dementsprechend muss dieser zutreffend gebildet und beschrieben werden, da der Arbeitsvorgang kein „unbestimmter Rechtsbegriff" ist, im Gegenteil: Das BAG hat ausgeführt:

§ **BAG vom 31.07.2002**

Der Begriff des „Arbeitsvorgangs" ist ein feststehender, abstrakter, von den Tarifvertragsparteien vorgegebener Rechtsbegriff. Die Anwendung eines derart bestimmten Rechtsbegriffs durch die Tatsachengerichte ist in vollem Umfang durch das Revisionsgericht nachprüfbar (...) Die Parteien können daher auch nicht unstreitig stellen, dass bestimmte Tätigkeiten einen Arbeitsvorgang im Rechtssinne bilden. (...) Die Bestimmung des Arbeitsvorgangs ist als Rechtsanwendung Sache der Gerichte (...).

(BAG 31.07.2002, AP Nr. 291 zu §§ 22, 23 BAT 1975)

Das heißt, dass die Gerichte – in letzter Instanz das BAG als Revisionsgericht – die Bildung der Arbeitsvorgänge überprüfen.

Praxis-Tipp:

Fehler bei der Bildung eines Arbeitsvorgangs durchziehen als Folgefehler das gesamte Verfahren.

Deshalb muss bei der Stellenbeschreibung großer Wert auf die korrekte Bildung und Beschreibung des Arbeitsvorgangs gelegt werden (siehe auch Richter/Gamisch, RiA 2008, S. 145 ff.).

Der Arbeitsvorgang als Ergebnis einer Organisationsentscheidung

Indem der Arbeitgeber kraft seiner Organisationsgewalt entscheidet, welcher Mitarbeiter welche Tätigkeiten ausübt, bestimmt er über die Bildung der Arbeitsvorgänge auch die tarifliche Wertigkeit der Stelle. Eine organisatorische Vorgabe führt dann zur Anwendung der Tarifautomatik.

Nicht erwünschte Eingruppierungsergebnisse dürfen nicht über eine fehlerhafte Anwendung des Tarifvertrags vermieden, sondern müssen vielmehr im Vorfeld durch die zielgerichtete Verteilung der qualitativen und quantitativen Aufgaben gesteuert werden.

Beispiel:

Es ist grundsätzlich unzulässig, während der Probezeit eine Vergütung zu zahlen, die eine Vergütungs- bzw. Entgeltgruppe unter der des Tarifvertrags liegt. Damit dem Umstand Rechnung getragen wird, dass ein neuer Mitarbeiter sich erst in die Tätigkeit hineinfinden muss, darf nicht die gesamte auszuübende Tätigkeit übertragen werden. Mittels eines Aktenvermerks stellt man fest, warum Teile der auszuübenden Tätigkeiten dem Beschäftigten noch nicht übertragen worden sind, z. B. nur 20 Prozent anstelle von 33,33 Prozent der selbstständigen Leistungen.

Das gilt insbesondere für den Fall, dass die Eingruppierung ausnahmsweise von Unterstellungsverhältnissen oder der Größe eines Unternehmens bzw. einer Dienststelle abhängig ist. Ein großzügig gestalteter Aufgabenzuschnitt kann die tarifliche Wertigkeit der Tätigkeit maßgeblich erhöhen. Bei der Stellenbeschreibung müssen deshalb die Arbeitsvorgänge im Hinblick auf deren Umfang und die anfallenden Zusammenhangsarbeiten sorgfältig geprüft werden.

Der Begriff des Arbeitsvorgangs

Die tarifliche Definition des Arbeitsvorgangs wurde schon vorgestellt. Das BAG konkretisiert den Begriff wie folgt:

§

BAG vom 19.03.2003

Unter Hinzurechnung der Zusammenhangstätigkeiten und bei Berücksichtigung einer vernünftigen, sinnvollen praktischen Verwaltungsübung ist der Arbeitsvorgang eine nach tatsächlichen Gesichtspunkten abgrenzbare und tarifrechtlich selbstständig bewertbare Arbeitseinheit der zu einem bestimmten Arbeitsergebnis führenden Tätigkeit eines Angestellten. (BAG, AP Nr. 2 zu §§ 22, 23 BAT 1975)

Dabei ist es zwar rechtlich möglich, dass die gesamte Tätigkeit des Angestellten im tarifrechtlichen Sinn nur einen Arbeitsvorgang bildet, wenn der Aufgabenkreis nicht weiter aufteilbar und einer rechtlichen Bewertung zugänglich ist. (...) Tatsächlich trennbare Tätigkeiten mit unterschiedlicher Wertigkeit können jedoch nicht zu einem Arbeitsvorgang zusammengefasst werden (...). (BAG, AP Nr. 178 zu §§ 22, 23 BAT 1975)

(BAG 19.03.2003, 4 AZR 336/02, NZA 2004, S. 400)

Diese Ausführungen werden als unübersichtlich empfunden. Deshalb wird versucht, die Definition zu strukturieren, was aus didaktischen Gründen auch sinnvoll ist.

Übersicht: Gegliederte Definition des Arbeitsvorgangs

Protokollerklärung zu § 22 Abs. 2 BAT-VKA	Protokollerklärung zu § 12 Abs. 1 TV-L und zu § 12 Abs. 2 TVöD-Bund	BAG (z. B. BAG 22.11.1977, AP Nr. 2 zu §§ 22, 23 BAT 1975)
Arbeitsvorgänge sind	Arbeitsvorgänge sind	Der Arbeitsvorgang ist
1.1 Arbeitsleistungen einschließlich Zusammenhangsarbeiten	2.1 Arbeitsleistungen einschließlich Zusammenhangsarbeiten	3.1 eine unter Hinzurechnung der Zusammenhangstätigkeiten
1.2 die bezogen auf den Aufgabenkreis des Angestellten	2.2 die bezogen auf den Aufgabenkreis des Beschäftigten	3.2 und bei Berücksichtigung einer sinnvollen, vernünftigen Verwaltungsübung
1.3 zu einem bei natürlicher Betrachtung	2.3 zu einem bei natürlicher Betrachtung	3.3 nach tatsächlichen Gesichtspunkten abgrenzbare und
		3.4 rechtlich selbstständig bewertbare Arbeitseinheit
1.4 abgrenzbaren Arbeitsergebnis führen.	2.4 abgrenzbaren Arbeitsergebnis führen.	3.5 der zu einem bestimmten Arbeitsergebnis führenden Tätigkeit eines Beschäftigten.

(in Anlehnung an Krasemann 2005, 12. Kapitel, Rn. 70 und 73)

Das bedeutet, dass die Stellenbeschreibung Arbeitsvorgänge enthalten muss. Diesen werden die Zusammenhangsarbeiten (zu 1.1/ 2.1/3.1) hinzugerechnet, die wegen des sogenannten Aufspaltungsverbots nicht gesondert ausgewiesen und bewertet werden dürfen.

Wichtig: In der Protokollerklärung Nr. 1 zu § 22 Abs. 2 BAT-VKA bzw. § 12 TV-L/TVöD-Bund wird bestimmt: „Jeder einzelne Arbeitsvorgang ist als solcher zu bewerten und darf dabei hinsichtlich der Anforderungen nicht aufgespalten werden." Anderenfalls käme es zu einer unzulässigen sogenannten Atomisierung.

Der Arbeitsvorgang ist vom Arbeitsschritt zu trennen. Darunter versteht man die kleinste, nicht mehr sinnvoll aufspaltbare Arbeitsleistung des Beschäftigten (vgl. § 13 TV-WW/NW n. F.). Viele aneinander gereihte Arbeitsschritte dienen einem Ziel, dem Erreichen eines bestimmten Arbeitsergebnisses. Liegt ein Arbeitsergebnis vor, spricht man von einem Arbeitsvorgang bzw. einer Arbeitseinheit (zu 3.4). Die Reihenfolge der Arbeitsschritte wird als Arbeitsablauf bezeichnet. Zu diesem Arbeitsablauf zählen auch Zusammenhangsarbeiten (zu 1.1/2.1/3.1). BAT/TV-L/TVöD-Bund nennen in ihren Protokollerklärungen typische Arbeitsergebnisse aus den Bereichen Verwaltung und Krankenhaus, nämlich die unterschriftsreife Bearbeitung eines Aktenvermerks, die Erstellung eines EKG usw.

Auf diesem Weg wird die Arbeitsleistung (zu 1.1/2.1) erfasst. Arbeitsleistung ist somit jede zur Erfüllung der Arbeitspflicht verrichtete Aktivität eines Beschäftigten. Sie umfasst damit die gesamte auszuübende Tätigkeit bzw. den Aufgabenkreis (zu 1.2/2.2/3.5) eines Beschäftigten. Die Bewertung muss sich auf den Aufgabenbereich des Beschäftigten beziehen, das heißt auf den gesamten Aufgabenkreis, der ihm vom Arbeitgeber im Rahmen des Direktionsrechts (gemäß § 106 GewO) zugewiesen worden ist (vgl. BAG 02.12.1992, 4 AZR 140/92, ZTR 1993, S. 204).

Zusammenhangsarbeiten sind Tätigkeiten, „(...) die aufgrund ihres engen Zusammenhangs mit bestimmten, insbesondere höherwertigen Aufgaben eines Angestellten bei der tariflichen Bewertung zwecks Vermeidung tarifwidriger Atomisierung der Arbeitseinheiten nicht abgetrennt werden dürfen, sondern diesen zuzurechnen sind (...)" (BAG 26.07.1995, AP Nr. 203 zu §§ 22, 23 BAT 1975), wie z. B.:

- Besprechungen und Telefongespräche, die mit der Bearbeitung des Aktenvorgangs zusammenhängen
- Fertigen und Lesen von Statistiken, wenn diese die Grundlage für die Hauptarbeit sind
- Führen eines Dienstwagens durch einen Verwaltungsmitarbeiter
- Lesen von Akten, um ein medizinisches oder juristisches Gutachten zu fertigen
- Publikumsverkehr
- Schriftverkehr, der mit der Bearbeitung des Aktenvorgangs anfällt
- Studium von Gesetzen, sonstigen Rechtsvorschriften und gerichtlichen Entscheidungen

(BAG, a. a. O.; BAG 17.01.1996, AP Nr. 4 zu §§ 22, 23 BAT Sparkassenangestellte; BAG 19.05.1982, AP Nr. 61 zu §§ 22, 23 BAT 1975; BAG 29.08.1991, 4 AZR 593/88)

Praxis-Tipp:
Diese Zusammenhangsarbeiten werden in der Stellenbeschreibung nicht zeitlich gesondert ausgewiesen. Anderenfalls droht eine unzulässige Atomisierung der Tätigkeit, die zu einer zu niedrigen Bewertung führt.

Eine bloße Tätigkeitsdarstellung genügt nicht. Vielmehr müssen stets die Arbeitsergebnisse der Arbeitsvorgänge, Zusammenhangstätigkeiten, Aufgabenverteilung zwischen dem Beschäftigten und seinem Vorgesetzten aufgeführt werden (vgl. BAG 11.03.1987, AP Nr. 135 zu §§ 22, 23 BAT 1975).

Vom Arbeitsschritt zum Arbeitsvorgang	
Stelle: Sachbearbeiter für den Haushalt (= Aufgabenkreis)	
Arbeitsschritt 1:	Entgegennahme der Mittelanmeldungen der Fachbereiche und Eingabe in die EDV
Arbeitsschritt 2:	Abstimmung der Mittelanmeldung mit dem vorgegebenen Budgetrahmen
Arbeitsschritt 3:	Aufstellung des Haushaltsplans, der Nachtragspläne sowie sämtlicher Anlagen

	einschließlich Verfassen der Erläuterungen mit Ausnahme des Vorberichts
Arbeitsschritt ...	
= **Arbeitsvorgang 1:**	Aufstellen der Haushaltspläne für die ... (x %)
Arbeitsschritt 6:	Überwachung der Einnahmen und Ausgaben der Fachbereiche (Soll-Ist-Vergleich des Budgets als Kontrolle der Ämter)
Arbeitsschritt 7:	Zentrale Auftragsüberwachung einschließlich Mittelfreigabe bei Auftragsvergaben
Arbeitsschritt 8:	Überwachung der Auftragsvergabe hinsichtlich
	+ ...
	+ ...
	+ ...
Arbeitsschritt ...	
= **Arbeitsvorgang 2:**	Überwachung des Vollzugs des Haushalts (y %)
Arbeitsschritt 10:	Abstimmen und Abschließen der einzelnen Konten
Arbeitsschritt 11:	Erstellen von Übertragungsanordnungen für Haushaltsreste
Arbeitsschritt ...	
= **Arbeitsvorgang 3:**	Durchführen von Jahresabschlussarbeiten (z %) ...

Es kommt entscheidend auf das bei „natürlicher Betrachtungsweise“ (zu 1.3/2.3/3.3) abgrenzbare Arbeitsergebnis (zu 1.4/2.4 und 3.5) an (BAG 19.03.2003, 4 AZR 336/02, NZA 2004, S. 400 [O]; vgl. BAG 31.07.2002, 4 AZR 129/01, a. a. O.).

Es muss eine „wirklichkeitsfremde Zersplitterung eines einheitlichen Arbeitsergebnisses“ (BAG 31.07.2002, 4 AZR 129/01, a. a. O.) verhindert werden. Dabei ist es unerheblich, dass es theoretisch verwaltungstechnisch möglich wäre, die Arbeit durch organisatorische Maßnahmen anders zu verteilen und die Bearbeitung auf verschiedene Bearbeiter zu übertragen (BAG 23.02.2005, 4 AZR 191/04; BAG

09.07.1997, 4 AZR 177/96; zit. nach Hofmann/Reidelbach, A 320 XVII.; BAG 14.03.2001, 4 AZR 172/00, EzBAT §§ 22, 23 BAT A. Allgemein Nr. 80). Maßgeblich ist somit die vom Arbeitgeber vorgegebene Organisation.

Die Arbeitseinheiten müssen zu einem unter tatsächlichen Gesichtspunkten abgrenzbaren Arbeitsergebnis – das heißt Arbeitsvorgang – führen, das rechtlich selbstständig bewertbar (zu 3.4) ist. Maßgeblich ist der konkret zu bewertende Aufgabenbereich. Eine „einheitliche Aufgabenstellung" darf mit dem Begriff des Arbeitsvorgangs nicht verwechselt werden. In diesem Fall würde eine unzulässige Pauschalierung vorgenommen, die die Gefahr einer zu hohen Eingruppierung mit sich bringt.

§ **LAG Hamm vom 20.11.1992**

Was dabei ein abschließendes selbstständiges Arbeitsergebnis ist, richtet sich nach dem jeweiligen Arbeitsergebnis des Angestellten (bzw. Beschäftigten; die Verfasser). Für die Bestimmung des Arbeitsergebnisses sind Geschäftsverteilung, Behördenanschauung, gesetzliche Bestimmungen, Verwaltungsvorschriften und die behördliche Übung zu berücksichtigen.

(LAG Hamm 20.11.1992, 18 Sa 424/92; zit. nach Hofmann/Reidelbach, A 320 XXV.)

Praxis-Tipp:

Tatsächlich trennbare Tätigkeiten mit einer unterschiedlichen Wertigkeit dürfen nicht zu einem Arbeitsvorgang zusammengefasst werden (vgl. BAG 20.10.1993, AP Nr. 172 zu §§ 22, 23 BAT 1975).

Zusammenfassend kann man den Arbeitsvorgang mit einer (verkürzten) Arbeitsdefinition beschreiben als Arbeitsleistung

- mit Bezug auf den Aufgabenkreis und einem Ziel,
- das nach natürlicher Betrachtung von anderen Tätigkeiten tatsächlich abgrenzbar und
- rechtlich selbstständig bewertbar ist.

Praxis-Tipp:

Die Stellenbeschreibung definiert genau so viele Ziele der Stelle, wie nachfolgend Arbeitsvorgänge beschrieben werden. Es ist daher nicht tarifkonform, in der Stellenbeschreibung „15 Ziele" und „4 Arbeitsvorgänge" abzubilden.

3

Aufspaltungsverbot

Wird nun ein verwertbares (Zwischen-)Arbeitsergebnis im o. g. Sinne erreicht, liegt ein Arbeitsvorgang vor. Dieser darf auch hinsichtlich der zeitlichen Anforderungen nicht weiter aufgespaltet werden (sog. „Atomisierung"). Mit den zeitlichen Anforderungen ist der Zeitanteil gemeint, zu dem das Tätigkeitsmerkmal erfüllt sein muss. Dieser beträgt gemäß § 12 TV-L/TVöD-Bund bzw. § 22 BAT-VKA 50 Prozent, wenn innerhalb der Vergütungs- bzw. Entgeltordnung nicht ausdrücklich ein anderer Zeitanteil vorgegeben wird. Nach ständiger Rechtsprechung des BAG ist es folglich ausreichend, wenn die tariflichen Anforderungen innerhalb des Arbeitsvorgangs in rechtserheblichem Umfang anfallen. Die einzelnen Tätigkeitsmerkmale müssen innerhalb des Arbeitsvorgangs zeitlich nicht zu 100 Prozent erfüllt sein.

Beispiele:

Spalte 1	Spalte 2	Spalte 3	Spalte 4
Anteil des Arbeitsvorgangs in %	**darin enthaltener Anteil selbstständiger Leistungen in %**	**Bewertung des Arbeitsvorgangs**	**Urteil**
72	25	VG Vc FG 1a BAT B/L	BAG 05.11.2003, AP Nr. 2 zu §§ 22, 23 BAT Rückgruppierung
51	13	VG Vc FG 1a BAT B/L	BAG 11.03.1995, AP Nr. 193 zu §§ 22, 23 BAT 1975
35	7	VG Vc FG 1b BAT B/L	BAG 18.05.1994, Nr. 178 zu §§ 22, 23 BAT 1975

Dahinter steht folgender Grundgedanke: Der Arbeitsvorgang (Spalte 1) ist die zentrale Bewertungseinheit aus inhaltlicher und zeitlicher Sicht. Das Aufspaltungsverbot gestattet es nicht, einen Arbeitsvorgang nach Teiltätigkeiten unterschiedlicher tariflicher Wertigkeit aufzuteilen (gemäß Spalte 2 Teiltätigkeiten mit und ohne selbstständige Leistungen). Eine zeitliche Gewichtung findet an dieser Stelle des Eingruppierungsvorgangs nicht mehr statt; die Bewertung erfolgt einheitlich (summarisches Bewertungsverfahren, siehe Seite 24 f.; vgl. BAG 28.01.2009, 4 AZR 13/08, AP Nr. 39 zu §§ 22, 23 BAT-O m. w. N. auf die Rechtsprechung).

Wichtig: Die für die Bewertung maßgebende Teiltätigkeit muss weder zeitlich überwiegen noch dem Arbeitsvorgang das „Gepräge" geben.

Es genügt, wenn innerhalb des Arbeitsvorgangs überhaupt konkrete Tätigkeiten verrichtet werden, die die Anforderungen des bewertungsrelevanten höheren Tätigkeitsmerkmals erfüllen. In diesem Fall ist der Arbeitsvorgang in seinem gesamten zeitlichen Umfang dem entsprechend höheren Tätigkeitsmerkmal zuzuordnen (Spalte 3). Lediglich dann, wenn die höher bewerteten Teiltätigkeiten kein „rechtserhebliches Ausmaß" erlangen, können sie für die Bewertung des Arbeitsvorgangs ganz außer Acht gelassen werden (vgl. BAG 28.01.2009, AP Nr. 39 zu §§ 22, 23 BAT-O m. w. N. auf die o. g. Rechtsprechung).

Die Anforderung „rechtserhebliches Ausmaß" stellt dabei in erster Linie nicht auf ein bestimmtes zeitliches Mindestmaß ab (Spalte 2). Rechtserhebliches Ausmaß erfordert vielmehr, dass ohne Vorliegen des jeweiligen Tätigkeitsmerkmals kein sinnvoll verwertbares Arbeitsergebnis erzielt werden könnte (vgl. BAG 21.03.2012, 4 AZR 266/10, ZTR 2012, S. 440 ff. = AP Nr. 317 zu §§ 22, 23 BAT 1975).

Für das in den o. g. Beispielen strittige Tätigkeitsmerkmal der selbstständigen Leistungen bedeutet dies: Entscheidend ist, dass zu Beginn der Tätigkeit die Fähigkeit, selbstständige Leistungen zu erbringen, allgemein bereitgehalten werden muss, weil sie nach der arbeitsvertraglichen Aufgabenstellung jederzeit, wenn auch in einem nicht vorhersehbaren Umfang, eingesetzt werden muss (vgl. BAG 21.03.2012, 4 AZR 266/10, ZTR 2012, S. 440 ff. = AP Nr. 317 zu §§ 22, 23 BAT 1975).

Dieser qualitativ bestimmte Maßstab folgt insbesondere daraus, dass die Tarifvertragsparteien des BAT den Arbeitsvorgang zur grundlegenden und universalen Bezugsgröße für die Eingruppierung gemacht haben. Hätten die Tarifvertragsparteien die Arbeitszeit zum Bezugspunkt von Qualifikationsmerkmalen machen wollen, hätten sie das – beispielsweise – in § 22 Abs. 2 Unterabs. 2 BAT zum Ausdruck bringen müssen.

Dabei kann es dahinstehen, ob und ggf. wo genau eine quantitative Grenze für den unbestimmten Rechtsbegriff des rechtserheblichen Ausmaßes zu ziehen wäre. Eine Bestimmung eines Prozentsatzes, bei dessen Vorliegen das fragliche Tarifmerkmal in rechtserheblichem Ausmaß vorliegt, hält das BAG nicht für notwendig (vgl. BAG 21.03.2012, 4 AZR 266/10, ZTR 2012, S. 440 ff. = AP Nr. 317 zu §§ 22, 23 BAT 1975).

Die Bildung des Arbeitsvorgangs

Sie hängt vom Arbeitsergebnis ab, das sich nach der Organisationsentscheidung des Arbeitgebers bestimmt. Dieser weist im Rahmen der Stellenbildung und -besetzung der Stelle bzw. dem Beschäftigten einen bestimmten Aufgabenkreis zu.

Bildung eines Arbeitsvorgangs

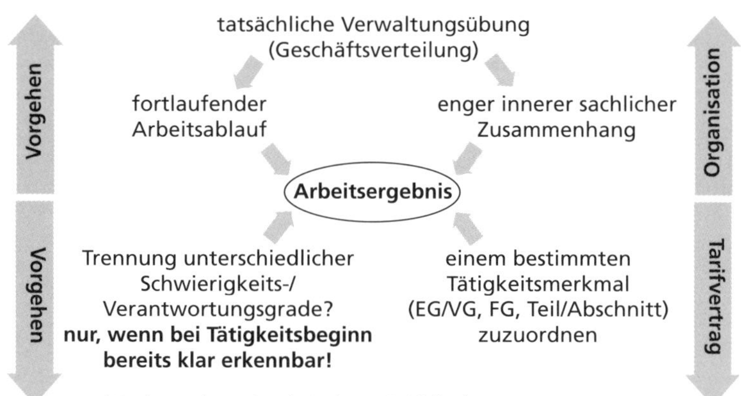

vgl. Rechtsprechung dazu in Hofmann/Reidelbach, A 320; BAG 23.09.2009, AP Nr. 40 zu §§ 22, 23 BAT-O

Quelle: IPW – Institut für PersonalWirtschaft GmbH

Diesen Organisationsakt umschreibt die Rechtsprechung regelmäßig mit den Begriffen Verwaltungsübung, Geschäftsverteilung, Behördenanschauung bzw. behördliche Übung. Unter Verwaltungsübung ist dabei die Arbeitsorganisation im Einsatzbereich und die Aufgabenverteilung zwischen der zu bewertenden Stelle und den sonstigen Stellen im Einsatzbereich zu verstehen (vgl. BAG 24.10.1984, AP Nr. 97 zu §§ 22, 23 BAT 1975). Der Begriff wird damit regelmäßig synonym zu dem der Geschäftsverteilung, Behördenanschauung bzw. behördlichen Übung verwendet (vgl. BAG 13.12.1978, AP Nr. 12 zu §§ 22, 23 BAT 1975).

Für die Feststellung des Arbeitsvorgangs/des Arbeitsergebnisses gilt es daher, zunächst den organisatorischen Rahmen und die Zuständigkeitsverteilung für die übertragenen Tätigkeiten insgesamt zu prüfen. Danach bestehen grundsätzlich zwei Möglichkeiten zur Bildung eines Arbeitsvorgangs:

Checkliste: Möglichkeiten zur Bildung eines Arbeitsvorgangs

1. Eine Aufgabe mit fortlaufendem Arbeitsablauf, bei dem der Arbeits-„gegenstand" (z. B. [Unterhalts-]Akten, Bauanträge für Wohngebäude, Bauwerksplanung) vom Beschäftigten durchgängig, also: ohne inhaltliche Unterbrechung, zu bearbeiten ist, oder
2. Einzelaufgaben, die einen starken inneren Zusammenhang/ Bezug aufweisen, ohne dass ein ununterbrochener Arbeitsablauf wie unter 1. gegeben ist.

Diese Feststellung hängt wesentlich davon ab, ob einer Stelle und damit einem Beschäftigten eine Aufgabe nur teilweise oder in (Allein)-Zuständigkeit übertragen wird. Im letzteren Fall reicht für die Bildung eines Arbeitsvorgangs der o. g. enge innere Zusammenhang der übertragenen Einzeltätigkeiten aus. Die Rechtsprechung prägte in diesem Zusammenhang den Begriff „Funktionscharakter". Funktionscharakter bedeutet, dass aufgrund der Alleinzuständigkeit des Beschäftigten für ein bestimmtes Arbeitsziel alle mit diesem konkreten Arbeitsziel verbundenen Einzeltätigkeiten zu einem Arbeitsvorgang zusammengefasst werden können.

Beispiele:

- Betreuung von Personen bzw. Personengruppen bei einem Sozialarbeiter
(BAG 09.12.1970, AP Nr. 35 zu §§ 22, 23 BAT Sozialarbeiter m. w. N.)
- technischer Angestellter, dem alle erforderlichen Überwachungs- und Kontrolltätigkeiten für ein Baulos (Autobahnabschnitt) übertragen wurden
(BAG 24.10.1984, AP Nr. 97 zu §§ 22, 23 BAT 1975 m. w. N.)

Aus tarifrechtlicher Sicht muss die so gebildete Arbeits- und Bewertungseinheit zusätzlich einer bestimmten Vergütungs-/Entgeltgruppe zuzuordnen sein, das heißt einen nach den tariflichen Regelungen vorbestimmten vergleichbaren Schwierigkeits- bzw. Verantwortungsgrad aufweisen. Erst dann liegt im Sinne der Rechtsprechung eine selbstständig bewertbare Arbeitseinheit (Arbeitsvorgang) vor.

Dabei gilt es zu beachten, dass das BAG sich nicht der einzelfallbezogenen Sichtweise der Tarifvertragsparteien gemäß Klammersatz zu Protokollerklärung Nr. 1 zu § 22 BAT-VKA (vgl. auch Protokollerklärung zu § 12 TV-L/TVöD-Bund) angeschlossen hat. So hat das BAG vielmehr in Bezug auf die beispielhaft genannten Arbeitsvorgänge entschieden:

Protokollerklärung Nr. 1 zu § 22 Abs. 2 BAT-VKA

1.1 unterschriftsreife Bearbeitung **eines** Aktenvorgangs,
1.2 Erstellung **eines** EKG,
1.3 Fertigung **einer** Bauzeichnung,
1.4 Eintragung in das Grundbuch,
1.5 Konstruktion **einer** Brücke oder **eines** Brückenteils,
1.6 Bearbeitung **eines** Antrags auf Wohngeld,
1.7 Festsetzung **einer** Leistung nach dem Bundessozialhilfegesetz

zu 1.1 unterschriftsreife Bearbeitung **eines** Aktenvorgangs:
Als Beispiel aus der Rechtsprechung des BAG kann der Sachbearbeiter „Heranziehung Unterhaltspflichtiger“ angeführt

werden (vgl. BAG 12.05.2004, AP Nr. 301 zu §§ 22, 23 BAT 1975). Hier ging das BAG nicht von einem Arbeitsvorgang je Unterhaltsfall aus, sondern fasste alle Fälle der materiellrechtlichen Prüfung der Voraussetzungen eines sogenannten Rückerstattungsanspruchs (210 bis 220 Fälle p. a.) zu einem Arbeitsvorgang zusammen. Davon als eigener Arbeitsvorgang abgetrennt wurde lediglich die gerichtliche Durchsetzung dieser Ansprüche (2 bis 3 Fälle p. a.).

zu 1.5 Konstruktion **einer** Brücke oder **eines** Brückenteils:
Hier fasste das BAG alle Tätigkeiten der Bauoberleitung Brückenbauprojekte, nicht des einzelnen Brückenbauprojekts, zu einem Arbeitsvorgang zusammen (vgl. BAG 02.06.2000, 4 AZR 389/99, zit. nach Bauer/Bockholt 2010, Rn. 119).

zu 1.6 Bearbeitung **eines** Antrags auf Wohngeld:
Hier hat das BAG letztlich offengelassen, ob ein Arbeitsvorgang Wohngeldbearbeitung oder zwei Arbeitsvorgänge vorliegen:

1. Arbeitsvorgang: Prüfung von Erstanträgen (nicht jedes einzelnen Erstantrags)
2. Arbeitsvorgang: Prüfung von Folgeanträgen (nicht jedes einzelnen Folgeantrags)

(vgl. BAG 23.09.2009, AP Nr. 40 zu §§ 22, 23 BAT-O)

Dies führt regelmäßig dazu, dass – entgegen dem in der Literatur geäußerten Willen der Tarifvertragsparteien zu einer einzelfallbezogenen Bildung und Bewertung von Arbeitsleistungen des Beschäftigten (vgl. Steinherr, a. a. O., siehe Fn. 3, 304; Clemens/Scheuring/Steingen, a. a. O., § 12 Rn. 216) – das BAG im Sinne der betriebswirtschaftlichen Grundlagen der Arbeitsbewertung vorgeht und Arbeitsvorgänge nicht nach den zu bearbeitenden Einzelfällen, sondern nur nach ihren unterschiedlichen tariflichen Schwierigkeits- bzw. Verantwortungsgraden bildet.

Dieses Vorgehen bereitet in der Praxis aber dann Probleme, wenn festgestellt wird, dass bei den innerhalb des Arbeitsvorgangs zu lösenden Aufgaben/Einzelfällen unterschiedliche Schwierigkeits- bzw. Verantwortungsgrade anfallen. Dazu hat das BAG am Beispiel des Wohngeldsachbearbeiters entschieden:

Der Grundsatz, dass Tätigkeiten, die tariflich unterschiedlich zu bewerten sind, nicht in einem Arbeitsvorgang zusammengefasst werden können, setzt die tatsächliche Trennbarkeit der verschiedenen Tätigkeiten voraus. Diese besteht zwischen der Bearbeitung von einfachen und derjenigen von schwierigen Wohngeldanträgen dann nicht, wenn die Bearbeitung von Wohngeldanträgen als einheitliche Arbeitsaufgabe einem Angestellten übertragen worden ist und sich jeweils erst im Laufe der Bearbeitung herausstellt, dass es sich um einen einfachen oder einen schwierigen Fall handelt. Es ist deshalb tarifwidrig, die tatsächliche Eingruppierung erst im Nachgang der Antragsbearbeitung durch Auszählen der bearbeiteten Vorgänge und ihrer Zuweisung zu dem einen oder dem anderen Schwierigkeitsgrad zu ermitteln (vgl. Leitsätze des BAG 23.09.2009, AP Nr. 40 zu §§ 22, 23 BAT-O).

Die Anzahl der Arbeitsvorgänge

Die Anzahl der Arbeitsvorgänge ist für die Bewertung ohne Bedeutung. Es ist möglich, dass auf einer Stelle nur ein Arbeitsvorgang anfällt. Das ist der Fall, wenn der Aufgabenkreis nicht weiter aufteilbar und einer rechtlichen Bewertung zugänglich ist (vgl. BAG 30.01.1985 AP Nr. 101 zu §§ 22, 23 BAT 1975; BAG 23.02.1983, AP Nr. 70 zu §§ 22, 23 BAT 1975). Mit dieser Feststellung ist noch nicht gesagt, welche tarifliche Wertigkeit die Stelle hat.

Es lassen sich drei Kategorien für das Vorliegen eines Arbeitsvorgangs ableiten:

Anzahl der Arbeitsvorgänge

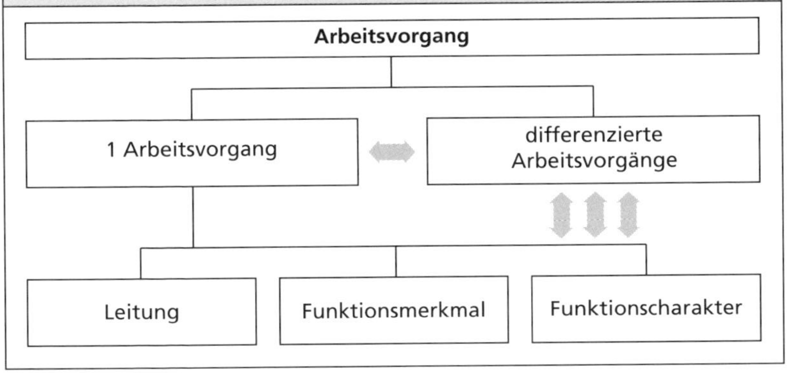

Quelle: IPW – Institut für PersonalWirtschaft GmbH

Leitung als einheitlicher Arbeitsvorgang

Leitungsaufgaben führen nach ständiger Rechtsprechung des BAG zu einem einheitlichen Arbeitsergebnis: der sachgerechten Leitung des übertragenen Zuständigkeitsbereichs. Dabei können alle Tätigkeiten zusammengefasst werden, die diesem einheitlichen Arbeitsergebnis dienen. Das gilt auch, wenn dem Beschäftigten eigene sachbearbeitende Aufgaben seines Zuständigkeitsbereichs übertragen werden (vgl. z. B. BAG 18.02.1998, 4 AZR 552/96, ZTR 1998, S. 321; BAG 17.12.1980, AP Nr. 38; BAG 27.05.1981, AP Nr. 44; BAG 20.06.1990, AP Nr. 150, alle zu §§ 22, 23 BAT 1975).

So nimmt das BAG in ständiger Rechtsprechung bei diesen Leitungstätigkeiten einen einheitlichen Arbeitsvorgang an:

- Bauoberleitung als Aufsicht über die örtliche Bauüberwachung (BAG 02.06.2000, 4 AZR 389/99)
- Betriebsleiter für kommunale Gas- und Wasserversorgung (BAG 22.11.1977, AP Nr. 2 zu §§ 22, 23 BAT 1975)
- Fachbereichsleiter Pflegedienst (BAG 20.06.1990, AP Nr. 150 zu §§ 22, 23 BAT 1975)
- Gruppenleiterin in einem Waldkindergarten (LAG Schleswig-Holstein 27.04.2006, 4 Sa 495/05, zit. nach Hofmann/Reidelbach, A 328 XXXIV.)
- Leiter Abteilung Garten und Friedhöfe in einem Bauamt (BAG 18.05.1994, AP Nr. 175 zu §§ 22, 23 BAT 1975)

- Leiter Abteilung Erziehungshilfe eines städtischen Jugendamts (BAG 14.12.1994, AP Nr. 11 zu §§ 22, 23 BAT Sozialarbeiter)
- Leiter der zentralen Nachtwache eines Krankenhauses (BAG 24.04.1991, 4 AZR 526/90, zit. nach Hofmann/Reidelbach, A 325 I.)
- Leiter eines Schulhortes (BAG 13.12.1995, AP Nr. 1 zu §§ 22, 23 BAT-O)
- Leiter einer Küche (BAG 23.01.1985, AP Nr. 99 zu §§ 22, 23 BAT 1975; BAG 23.01.1985, AP Nr. 100 zu §§ 22, 23 BAT 1975)
- Leiter einer Musikbibliothek (BAG 25.03.1981, AP Nr. 42 zu §§ 22, 23 BAT 1975)
- Leiter einer Tankstelle (BAG 22.10.1986, AP Nr. 126 zu §§ 22, 23 BAT 1975)
- Leiterin einer Schulbibliothek (BAG 11.02.2004, AP Nr. 296 zu §§ 22, 23 BAT 1975)
- Leitung der Datenverarbeitungszentrale einer Fachhochschule (LAG Hamm 06.11.2007, 12 Sa 904/07 und 12 Sa 1175/07)
- Leitung der Referatsgruppe „Gesundheitsschutz" (BAG 26.01.2005, 4 AZR 6/04)
- Leitung des Eisstadions (BAG 04.07.2012, AP Nr. 324 zu §§ 22, 23 BAT 1975)
- Leitung des Referats „Kulturelle Stadtteilarbeit, Bürgerhäuser" (BAG 19.02.2003, 4 AZR 265/02, NZA 2003, S. 1359 [O])
- Leitung eines Altenzentrums (BAG 24.09.1997, 4 AZR 452/96, ZTR 1998, S. 179)
- Leitung eines Behindertenzentrums (BAG 07.05.2008, AP Nr. 37 zu §§ 22, 23 BAT-O)
- Leitung eines städtischen Kulturamts (LAG Rh-Pf 17.02.2012, 9 Sa 617/11)
- Pflegedienstleitung (BAG 17.08.1994, 4 AZR 731/93, ZTR 1995, S. 80)
- 1. Sachbearbeiter in der ambulanten Forderungsabrechnung eines Krankenhauses (BAG 18.02.1998, 4 AZR 552/96, ZTR 1998, S. 321; BAG 24.03.1993, 4 AZR 298/92, ZTR 1993, S. 290; BAG 29.04.1992, 4 AZR 458/91, ZTR 1992, S. 420)
- Sachgebietsleiter im Kinder- und Jugendnotdienst (BAG 20.06.2001, 4 AZR 288/00)

- Sachgebietsleiter für das Pflegekinderwesen einer Stadt (LAG Sachsen-Anhalt 06.07.2000, 7 Sa 20/99 E, zit. nach Hofmann/ Reidelbach, A 328 XXXII.)
- Sachgebietsleiter in einer Fachhochschule über die Betriebsführung und Überwachung einer Elektrowerkstatt (BAG 19.04.1989, 4 AZR 39/89)

3

Praxis-Tipp:

Leitung ist somit ein Arbeitsvorgang. Sachbearbeitertätigkeiten, die innerhalb des vom Beschäftigten geleiteten Bereichs durch diesen ausgeführt werden, sind Zusammenhangsarbeiten zur Leitungstätigkeit (vgl. BAG 18.02.1998, 4 AZR 552/96; zit. nach Hofmann/Reidelbach, A 320 XIX.).

Der Fall liegt anders, wenn der Beschäftigte zwei trennbare Bereiche leitet. Dann werden dementsprechend zwei Arbeitsvorgänge gebildet.

Beispiele:

- Leitung eines Zentrums für pädagogische Berufspraxis und Leitung der Zentralen Studienberatungsstelle (BAG 12.02.1992, 4 AZR 310/91)
- Leitung von zwei Stationen durch einen Oberarzt (BAG 16.05.2012, 4 AZR 300/10, ZTR 2012, S. 699 ff.; Eingruppierung Oberarzt nach TV-Ärzte Hessen)
- Stellvertretende Leitung der Volkshochschule und Fachbereichsleitung in der Volkshochschule (LAG Hamm 20.12.2002, 12 Sa 449/02, EzBAT §§ 22, 23 BAT B. 1 Allg. Verwaltungsdienst VergGr. IIa Nr. 12)
- Leitung verschiedener, unterschiedlich bewerteter Bereiche (BAG 16.05.2012, 4 AZR 300/10, ZTR 2012, S. 699)

Die Frage, ob dieses Prinzip auch bei der Leitung ähnlicher Einheiten (hier von Kindertagesstätten) anzuwenden ist, hat das BAG wie folgt beantwortet:

BAG vom 12.12.2012

Bei der Leitung einer Kindertagesstätte handelt es sich um einen einheitlichen Arbeitsvorgang. Hat ein Mitarbeiter zwei Kindertagesstätten zu leiten, ist die Frage, ob ein oder zwei Arbeitsvorgänge vorliegen, wie folgt zu klären:

Zwei Arbeitsvorgänge liegen vor, wenn die Leitungstätigkeiten des Mitarbeiters nicht einheitlich für beide Kindertagesstätten erfolgen, sondern es sich bei den Kindertagesstätten jeweils um einzelne, örtlich, organisatorisch und haushaltsrechtlich getrennte Einrichtungen handelt.

Von einem Arbeitsvorgang bei der Leitung von zwei Kindertagesstätten kann nur dann ausgegangen werden, wenn die Tätigkeiten beider Kindertagesstätten einheitlich geplant und für beide Einrichtungen gemeinsam abgestimmt und koordiniert werden, der Mitarbeiter also während der Anwesenheit und Leitung in einer der Einrichtungen auch jeweils Fragen der anderen Einrichtung zu bearbeiten hätte. In Zeitabständen durchgeführte gemeinsame Dienstbesprechungen machen allein noch keine einheitliche Leitung der beiden Einrichtungen aus.

(vgl. BAG 12.12.2012, AP Nr. 325 zu §§ 22, 23 BAT 1975)

Dass Leitungstätigkeiten im o. g. Sinne einen großen Arbeitsvorgang bilden, ist in Literatur und Praxis nicht unumstritten, obwohl die Rechtsprechung des BAG mehr als eindeutig ist (siehe z. B. Breier/Dassau/Faber, C 1.1 Rn. 80 ff.).

Diese scheinen insbesondere zu verkennen, wann der Arbeitsvorgang zu bilden ist. Der Arbeitsvorgang ist keine nachrangige Betrachtung bereits geleisteter Arbeit (vgl. z. B. BAG 23.09.2009, AP Nr. 40 zu §§ 22, 23 BAT-O), sondern ist bereits vor Beginn der Arbeitsausführung zu bilden: Der Arbeitsvorgang gliedert die vom Arbeitgeber übertragene (auszuübende) Tätigkeit. Diese überträgt der Arbeitgeber im Rahmen seines Direktionsrechts vor Arbeitsbeginn des Arbeitnehmers. Der Arbeitsvorgang ist damit letztlich nichts anderes als eine strukturierte Arbeitsvorgabe für den Arbeitnehmer.

Folgt man der Ansicht der Literatur (Breier/Dassau/Faber, C 1.1, Rn. 82), müsste der Arbeitgeber vor Tätigkeitsaufnahme dann klar vorgeben, wie lange zum Beispiel die Fertigung der Bauzeichnung dauern muss.

Da der öffentliche Dienst regelmäßig keine echte Personalbemessung vornimmt, erscheint diese Rechtsmeinung mehr als zweifelhaft. Sie geht nicht nur an der Wirklichkeit vorbei, sondern blendet letztlich auch die Rechtsprechung des BAG zur Bildung von Arbeitsvorgängen völlig aus. Vor allem, da das BAG wiederholt klargestellt hat, dass der Arbeitsvorgang kein unbestimmter Rechtsbegriff ist und damit der vollen inhaltlichen Kontrolle der Rechtsprechung unterliegt (BAG 31.07.2002, AP Nr. 291 zu §§ 22, 23 BAT 1975; s. a. Breier/Dassau/Faber, C 1.1, Rn. 111, S. 34).

Funktionsmerkmal als einheitlicher Arbeitsvorgang

Von einem einheitlichen Arbeitsvorgang ist auszugehen, wenn der Tarifvertrag sogenannte Funktionsmerkmale (Beispielstätigkeiten) enthält. Alle zu diesem Funktionsmerkmal gehörenden Tätigkeiten kennzeichnen einen einheitlichen Arbeitsvorgang (vgl. BAG 20.03.1991, AP Nr. 43; BAG 07.12.1983, AP Nr. 82; BAG 07.12.1983, AP Nr. 83; BAG 15.02.1984, AP Nr. 86; BAG 27.11.1985, AP Nr. 111; BAG 14.05.1986, AP Nr. 119; BAG 18.06.1997, AP Nr. 228, BAG 24.06.1998, AP Nr. 243; BAG 08.09.1999, AP Nr. 270; BAG 29.11.2001, AP Nr. 288, alle zu §§ 22, 23 BAT 1975). Denn dieses bildet als Tätigkeitsbeispiel „die Klammer für alle Tätigkeiten (...), die der Beispielstätigkeit dienen (...)“ (BAG 26.07.1995, AP Nr. 203 zu §§ 22, 23 BAT 1975).

§ **BAG vom 26.10.1994**

Auch die Tarifvertragsparteien gehen von einem einheitlichen Arbeitsergebnis aus. Da sie den Begriff „Krankenpfleger“ zum Tätigkeitsmerkmal erhoben haben, bringen sie hierdurch zum Ausdruck, dass alle damit verbundenen Tätigkeiten zu einem Arbeitsvorgang zusammenzufassen sind. Wenn die Tarifvertragsparteien einen bestimmten Aufgabenbereich – wie vorliegend die Tätigkeit eines Krankenpflegers – zum selbstständigen Tätigkeitsmerkmal einer Vergütungsgruppe erheben, schreiben sie damit zugleich zwingend vor, dass alle Einzeltätigkeiten, die zu diesem Aufgabenbereich gehören, einheitlich zu bewerten sind, sofern nicht besonders qualifizierte Einzeltätigkeiten des Aufgabenbereichs einer anderen Vergütungsgruppe zugeordnet sind (...).

(BAG 26.10.1994, AP Nr. 187 zu §§ 22, 23 BAT 1975)

Praxis-Tipp:

Beim Arbeitsvorgang eines Gesundheits- und Krankenpflegers darf deshalb nicht nach Grund- und Behandlungspflege unterschieden werden.

3

BAG vom 29.11.2001

Bei sog. Funktionsmerkmalen (z. B. Arzt, Kassenleiter) ist die gesamte Tätigkeit des Angestellten in dieser Funktion (...) als einheitlicher Arbeitsvorgang zu bewerten. Denn die Tarifvertragsparteien haben durch die Vereinbarung des Funktionsmerkmals als Tätigkeitsmerkmal mit für die Gerichte bindender Wirkung bestimmt, dass bei diesen tariflichen Tätigkeitsmerkmalen alle Tätigkeiten tariflich einheitlich bewertet werden sollen und deshalb auch als ein Arbeitsvorgang anzusehen sind.

(BAG 29.11.2001, AP Nr. 288 zu §§ 22, 23 BAT 1975)

Beispiele für Funktionsmerkmale sind:

- Fernschreiber
  (BAG 06.12.2006, AP Nr. 303 zu §§ 22, 23 BAT 1975)
- Handwerksmeister
  (LAG Rh-Pf 12.11.1996, 6 Sa 700/96, zit. nach Hofmann/Reidelbach, A 330 XV.)
- (Schul-)Hausmeister
  (BAG 06.08.2003, 4 AZR 445/02; BAG, AP Nr. 6 zu §§ 22, 23 BAT-O)
- Kassierer
  (BAG 24.06.1998, 4 AZR 300/97, NZA-RR 1998, S. 521)
- Kinderkrankenschwester
  (BAG 10.07.1996, 4 AZR 134/95, ZTR 1996, S. 557)
- Krankenpfleger in einer psychiatrischen Klinik
  (BAG 26.10.1994, AP Nr. 187 zu §§ 22, 23 BAT 1975)
- Lagerverwaltung bzw. Führung eines Materiallagers
  (BAG 15.09.2004, AP Nr. 298 zu §§ 22, 23 BAT 1975)
- Leitender Krankengymnast
  (BAG 21.10.1992, AP Nr. 164 zu §§ 22, 23 BAT 1975)
- Leitende Stationsschwester
  (BAG 15.02.2006, 4 AZR 66/05, ZTR 2006, S. 538)
- Leitende Unterrichtsschwester
  (BAG 03.09.1986, AP Nr. 125 zu §§ 22, 23 BAT 1975)
- Leiter einer Kindertagesstätte
  (BAG 12.06.1996, 4 AZR 71/95, ZTR 1996, S. 510)
- Materialdisponent
  (BAG 05.07.2006, 4 AZR 355/05)
- (Ober-)Arzt
  (BAG 05.11.2003, 4 AZR 632/02; BAG 25.10.1995, 4 AZR 479/94, ZTR 1996, S. 266)

- Rettungsassistent
  (BAG 29.11.2001, 4 AZR 736/00)
- Sportlehrer an Bundeswehrschulen
  (BAG 07.06.2006, 4 AZR 225/05)
- Stationsleitung
  (BAG 29.04.1992, AP Nr. 162 zu §§ 22, 23 BAT 1975)

Tätigkeiten mit Funktionscharakter

Einen großen Arbeitsvorgang bilden auch Tätigkeiten, die einen Funktionscharakter aufweisen und damit einem einheitlichen Arbeitsergebnis dienen.

Leitungstätigkeiten haben regelmäßig den Charakter eines Funktionsmerkmals, so bei einem/einer

- Leitung einer Gruppe durch einen Erzieher
  (BAG 04.05.1988, AP Nr. 144 zu §§ 22, 23 BAT 1975)
- Leiter des Erziehungsdienstes eines Erziehungsheims
  (BAG 23.10.1996, AP Nr. 220 zu §§ 22, 23 BAT 1975)

Wichtigstes Beispiel darüber hinaus sind die Mitarbeiter, deren Aufgabe die Betreuung von Personen ist, insbesondere bei Sozialpädagogen oder Erziehern. Bei diesen Tätigkeiten werden in der Regel keine verwertbaren Teilergebnisse erzielt. Die Aufteilung der Tätigkeit würde zu einer unangemessenen Atomisierung führen (vgl. BAG 08.02.1995, AP Nr. 12 zu §§ 22, 23 BAT Sozialarbeiter). Als Beispiele können genannt werden:

- Arbeitserzieher in einem psychiatrischen Krankenhaus
  (BAG 06.03.1996, 4 AZR 771/94, EzBAT §§ 22, 23 BAT F.2 Erziehungsdienst VergGr. VIb Nr. 11)
- Betreuung psychisch Kranker
  (BAG 29.09.1993, 4 AZR 690/92, ZTR 1994, S. 291; BAG 25.10.1995, AP Nr. 21 zu §§ 22, 23 BAT Sozialarbeiter)
- Betreuung zugewiesener Personen durch einen Behördenbetreuer
  (BAG 20.03.1996, AP Nr. 22 zu §§ 22, 23 BAT Sozialarbeiter)
- Bezirkssozialarbeiter mit Tätigkeiten nach S 14
  (BAG 21.08.2013, 4 AZR 933/11, ZTR 2014, S. 211 ff.; BAG 21.08.2013, 4 AZR 968/11, ZTR 2014, S. 213)

- Diplom-Pädagoge in einer Erziehungsberatungsstelle
  (BAG 08.09.1999, 4 AZR 688/98, NZA 2000, S. 378)
- Erzieherin in der pädagogischen Betreuung, Anleitung und Förderung von Schülern im Freizeitbereich einer Sonderschule für lernbehinderte Kinder
  (BAG 05.03.1997, AP Nr. 34 zu §§ 22, 23 BAT Sozialarbeiter)
- Erzieherin in der Frühförderung
  (BAG 22.03.1995, AP Nr. 195 zu §§ 22, 23 BAT 1975)
- Sozialberater in einer Altenwohnanlage
  (BAG 24.09.1997, 4 AZR 431/96, ZTR 1998, S. 79)
- Sozialpädagoge in der Drogenentwöhnungsbehandlung
  (BAG 22.03.1995, AP Nr. 194 zu §§ 22, 23 BAT 1975)
- Sozialarbeiter in der Betreuung von Essgestörten
  (BAG 05.11.1997, AP Nr. 44 zu §§ 22, 23 BAT Sozialarbeiter)
- Sozialarbeiter in der Jugendgerichtshilfe
  (BAG 14.12.1994, AP Nr. 10 zu §§ 22, 23 BAT Sozialarbeiter;
  BAG 25.03.1998, AP Nr. 46 zu §§ 22, 23 BAT Sozialarbeiter)
- Sozialarbeiter in der Schuldner- und Verbraucherinsolvenzberatung
  (BAG 20.05.2009, AP Nr. 12 zu § 1 TVG Tarifverträge: Arbeiterwohlfahrt)
- Sozialarbeiter im Sozialdienst einer psychiatrischen Universitätsklinik
  (BAG 08.02.1995, AP Nr. 12 zu §§ 22, 23 BAT Sozialarbeiter)
- Sozialarbeiter im sozialpsychiatrischen Dienst eines Gesundheitsamtes
  (BAG 25.10.1995, AP Nr. 21 zu §§ 22, 23 BAT Sozialarbeiter;
  BAG 10.07.1996, AP Nr. 29 zu §§ 22, 23 BAT Sozialarbeiter)
- Sozialarbeiter in der Beratung von Suchtmittelabhängigen
  (BAG 14.06.1995, AP Nr. 202 zu §§ 22, 23 BAT 1975)
- Vereinsbetreuer
  (BAG 20.03.1996, AP Nr. 24 zu §§ 22, 23 BAT Sozialarbeiter)

Das gilt aber auch im Verwaltungsbereich:

- Adoptionsvermittler
  (BAG 14.12.1994, 4 AZR 443/94, ZTR 1995, S. 218)
- Amtspfleger für nichteheliche Kinder
  (BAG 04.09.1996, AP Nr. 217 zu §§ 22, 23 BAT 1975)

- Aufsicht über Kindertageseinrichtungen (Erlaubniserteilungsverfahren nach § 45 SGB VIII, örtliche Prüfungen nach § 46 SGB VIII, Überwachung der Meldepflichten nach § 47 SGB VIII)
  (LAG Schleswig-Holstein 07.02.2007, 6 Sa 279/05, zit. nach Hofmann/Reidelbach, A 328 XXXV.)
- Betreuung durch einen Amtsbetreuer nach § 1900 Abs. 4 BGB
  (BAG 30.09.1998, 4 AZR 539/97)
- Brandschutzbeauftragter
  (LAG Hamm 25.09.2009, 19 Sa 820/09)
- Durchführung der Heimaufsicht
  (BAG 29.06.1988, 4 AZR 139/88)
- Fallmanager in einem Jobcenter (Beratung und sozialhilferechtliche Betreuung von jungen Erwachsenen mit dem Ziel einer (Wieder-)Erlangung der Erwerbsfähigkeit)
  (BAG 21.03.2012, AP Nr. 322 zu §§ 22, 23 BAT 1975)
- Frauen-/Gleichstellungsbeauftragte
  (BAG 16.10.2002, AP Nr. 294 zu §§ 22, 23 BAT 1975; BAG 20.03.1991, AP Nr. 156 zu §§ 22, 23 BAT 1975)
- Gutachter im Bereich des Versorgungs- und Schwerbehindertenrechts
  (BAG 06.03.2003, 4 AZR 443/02, zit. nach Hofmann/Reidelbach, A 325 VIII.)
- Lebensmittelkontrolleur mit Kontroll- und Überwachungsmaßnahmen
  (BAG 14.08.1985, 4 AZR 322/84)
- Sachbearbeiter einer Hauptfürsorgestelle (jetzt: Integrationsamt) für den Kündigungsschutz Schwerbehinderter
  (BAG 05.03.1997, 4 AZR 511/95, zit. nach Hofmann/Reidelbach, A 321 VI.)
- Sachbearbeiter für Unterhaltssachen im Jugendamt
  (Thür. LAG 17.05.2001, 1 Sa 178/99, zit. nach Hofmann/Reidelbach, A 321 XXX.)
- Schuluntersuchung einer Schulärztin in der Abteilung „Schul- und Jugendärztlicher Dienst"
  (BAG 19.01.2000, 4 AZR 837/98, EzBAT §§ 22, 23 BAT B. 4 Ärzte VergGr. Ib Nr. 9)
- Sicherheitsmeister der Verteidigungsverwaltung, der die Arbeitssicherheit sicherstellen muss
  (BAG 16.10.1985, AP Nr. 108 zu §§ 22, 23 BAT 1975)

3

- Tätigkeit einer Mitarbeiterin in einer sogenannten „Servicegruppe Innenstadt", die die Beachtung des Ordnungsrechts sicherstellen soll
  (BAG 07.07.2004, AP Nr. 297 zu §§ 22, 23 BAT 1975; bestätigt: BAG 21.03.2012, 4 AZR 266/10, ZTR 2012, S. 440 ff.)
- Tierschutzbeauftragter
  (BAG 25.08.2010, AP Nr. 315 zu §§ 22, 23 BAT 1975)
- Verfahrensabschließende Verbescheidung einzelner Ordnungswidrigkeiten einschließlich des Außendienstes
  (LAG Sachsen-Anhalt 03.06.2003, 3 (7) Sa 25/02 E, zit. nach Hofmann/Reidelbach, A 321 XXXV.)
- Zusortieren und Einscannen von Bauakten nach vorgegebenen Kriterien
  (LAG Rh-Pf 13.01.2012, 9 Sa 486/11)

Einen Arbeitsvorgang bilden folgende technisch geprägten Tätigkeiten:

- Beteiligung am Baugenehmigungsverfahren
  (LAG Niedersachsen 25.08.1995, 16 Sa 2056/94E, zit. nach Hofmann/Reidelbach, A 330 XIII.)
- Klärmeister und Schichtführer im Klärwerk
  (Hess. LAG 30.04.1996, 9 Sa 1249/95, zit. nach Hofmann/Reidelbach, A 330 XIV.)
- Mitarbeit bei Entwicklungs- und Versuchsarbeiten im verpackungstechnischen Versuchsfeld als Mitarbeiter im Versuchslabor einer Universität
  (BAG 08.11.2006, AP Nr. 304 zu §§ 22, 23 BAT 1975)
- Prüfstatiker im Bauordnungs- und Planungsamt eines Kreises
  (LAG Hamm 23.11.1994, 18 Sa 1874/92, zit. nach Hofmann/Reidelbach, A 330 XII.)
- Tätigkeiten im Bereich Bodenschätzung
  (BAG 22.07.1998, 4 AZR 333/97, zit. nach Hofmann/Reidelbach, A 330 VII.)

Differenzierte Arbeitsvorgänge

Demgegenüber stellen folgende Tätigkeiten getrennte Arbeitsvorgänge dar:

- Bausachverständiger der Finanzverwaltung
  (je ein Arbeitsvorgang: Bewertung bebauter und unbebauter Grundstücke)
  (BAG 06.12.1989, 4 AZR 457/89, zit. nach Hofmann/Reidelbach, A 330 I.)
- Controllingtätigkeit (3 Arbeitsvorgänge: Beteiligungs-Controlling, Projekt Kosten- und Leistungsrechnung, allgemeine betriebswirtschaftliche Aufgaben)
  (LAG Niedersachsen 29.04.2002, 8 Sa 1049/01 E, zit. nach Hofmann/Reidelbach, A 321 XXXI.)
- einzelne Restaurierungsvorhaben eines Restaurators
  (BAG 31.07.2002, AP Nr. 292 zu §§ 22, 23 BAT 1975)
- Innen- und Außendiensttätigkeit eines Vermessungstechnikers
  (BAG 26.07.1995, AP Nr. 203 zu §§ 22, 23 BAT 1975)
- krankengymnastische Behandlung (1. Arbeitsvorgang: „normale" krankengymnastische Behandlung, 2. Arbeitsvorgang: „schwierige Aufgaben")
  (BAG 14.01.2004, 4 AZR 1/03)
- Prüfungstätigkeiten eines Ingenieurs (1. Arbeitsvorgang: Hauptuntersuchung gemäß § 29 StVZO, 2. Arbeitsvorgang: Prüfung der Betriebserlaubnis gemäß § 19 Abs. 2 StVZO)
  (BAG 18.12.1996, 4 AZR 449/95, zit. nach Hofmann/Reidelbach, A 330 IV.)
- Sachbearbeiter im Integrationsamt:
  1. Arbeitsvorgang: Ermittlungen, Verhandlungen, Vereinbarungen und Entscheidungen nach Kapitel 4 SGB IX (Kündigungsschutz)
  2. Arbeitsvorgang: Arbeits- und Berufsförderung
  3. Arbeitsvorgang: Prävention/begleitende Hilfe im Arbeitsleben
  4. Arbeitsvorgang: Sonstige Aufgaben (Schulungs- und Bildungsveranstaltungen gemäß § 102 Abs. 2 SGB IX, Integrationsvereinbarungen gemäß § 83 SGB IX, Wahl der Schwerbehindertenvertretung gemäß § 94 SGB IX – worin hier das einheitliche Arbeitsergebnis liegen soll, wurde leider nicht begründet)
  (BAG 19.05.2010, 4 AZR 912/08 m. w. N.)

- stationäre und ambulante sozialpädagogische Betreuung in einer Klinik
  (LAG Nürnberg 13.03.2001, 6 Sa 41/00, zit. nach Hofmann/Reidelbach, A 328 XXXIII.)

3

Die neue Tendenz in der Rechtsprechung

In der Vergangenheit tendierte die Rechtsprechung zum großen Arbeitsvorgang oder sogar zur „Pauschalbewertung" (Bauer/Bockholt 2010, Rn. 138). Möglicherweise rückt das BAG von dieser Sichtweise ab, um mehr Wert auf differenzierte Arbeitsvorgänge zu legen (so auch Bauer/Bockholt 2010, Rn. 140; kritisch Schaub 2013, § 183, Rn. 50, Fußnote 151).

Bei der Tätigkeit eines Kreisjugendpflegers führte das BAG aus, diese müsse, ausgehend vom jeweiligen Arbeitsergebnis, in verschiedene Tätigkeiten zerlegt werden (vgl. BAG 08.09.1999, 4 AZR 609/98, NZA-RR 2000, S. 272 = ZTR 2000, S. 175). Die Tätigkeit der „Heranziehung Unterhaltspflichtiger" einer Sachbearbeiterin in einem Sozial- und Jugendamt im Sachgebiet „Wirtschaftliche Jugendhilfe/Unterhaltsvorschuss" wurde vom Gericht in zwei Arbeitsvorgänge getrennt:

1. materiell-rechtliche Prüfung der Voraussetzungen eines sogenannten Rückersatzanspruchs
2. gerichtliche Durchsetzung
   (vgl. BAG 12.05.2004, AP Nr. 301 zu §§ 22, 23 BAT 1975)

Noch deutlicher wird die Unterscheidung in der sogenannten Fluggastkontrolleurentscheidung (BAG 31.07.2002, AP Nr. 291 zu §§ 22, 23 BAT 1975). Laut „Tätigkeitsdarstellung und -bewertung" hatte der Mitarbeiter als „Durchsuchungskraft" mit der „Aufgabenbeschreibung Durchführen von Personen-, Handgepäck-, Reisegepäck- und Frachtkontrollen" folgende Aufgaben:

§

5.1 Kontrolle von Personen mittels Handsonde oder Abtasten der Bekleidung des Körpers (36,5 %):

- Identifizierung/Klassifizierung aller am Körper befindlichen Gegenstände
- Bewertung aufgefundener Gegenstände als gefährlich/ungefährlich
- Trennung gefährlicher Gegenstände vom Passagier

- Zuführung nicht abschließend bewertbarer Gegenstände zu weiteren Kontrollverfahren
- Vermeidung des Zugriffs des Passagiers auf gefundene Waffen und Sprengmittel durch körperlichen Einsatz

5.2 Kontrolle von Hand-/Reisegepäck, Frachtgut, Fundsachen sowie herrenlosen Gegenständen und Gepäckstücken mittels Röntgengerät; Untersuchung technischer Geräte einschl. Funktionsprüfung (24,5 %):

- Identifizierung/Klassifizierung von Inhaltsteilen/üblicher Reisegebrauchsgegenstände anhand ihrer abgebildeten inneren Struktur durch Vergleich mit Erfahrungswerten
- Bewerten der aufgefundenen Gegenstände/Strukturen als gefährlich/ungefährlich
- Zuführung nicht abschließend bewertbarer Gepäckstücke zu weiteren Kontrollverfahren
- Strukturanalyse technischer Geräte (Bewertung technischer Geräte oder Behältnisse hinsichtlich des Einbaus von Bauelementen, welche in Spreng- und Brandvorrichtungen verwandt werden)
- Inhaltskontrolle verschlossener Behältnisse oder schwer zugänglicher Hohlräume mittels GPA
- Gewichtsvergleich von technischen Geräten und Leergepäckstücken
- Manuelle Datenerfassung von Vergleichsgewichten
- Funktionsproben hoch integrierter elektronischer Geräte (z. B. Laptop, Camcorder, Funktelefon)

5.3 Manuelle Nachkontrolle von Hand- und Reisegepäck entsprechend den vorgegebenen Quoten des Rahmenplans Luftsicherheit (31 %)

5.4 Untersuchung technischer Geräte, verdächtiger Substanzen und Gepäckstücke mittels Sprengstoffspürgerät (EGIS-Gerät) (4 %):

- Probenentnahme und Durchführung der Analyse am Sprengstoffspürgerät EGIS
- Bewertung der Kontrollergebnisse hinsichtlich des Vorliegens von Sprengstoff durch
  - Vergleich mit Erfahrungswerten
  - Vergleich mit Vergleichsdiagrammen
- Durchführung der täglichen technischen Wartung des Analysegerätes
- Durchführung von Einstellungen/Eichungen am Analysegerät

5.5 Untersuchung von Frachtgut (4 %)

Das BAG erkannte, wie bereits das LAG BW als Vorinstanz, fünf Arbeitsvorgänge. Es könne nicht von einem einheitlichen Arbeitsvorgang ausgegangen werden.

§ **BAG vom 31.07.2002**

Der Flugpassagier zeige zunächst am „Eingang" des Flughafenbereichs dem Kontrolleur A das Ticket vor. Werde es nicht beanstandet, dürfe er den weiteren Bereich betreten. Dort lege er das sogenannte Handgepäck auf das zu einem (Röntgen-)Kontrollgerät führende (Förder-)Band ab. Dieses werde sodann vom Kontrolleur B in Lauf gesetzt und das Gepäckstück werde unter währender Kontrolle durch das Gerät hindurchgeführt. Entsprechend werde mit Mänteln, Jacken und ähnlichen Bekleidungsteilen verfahren, wobei in den hierfür benutzten Plastikbehälter auch der sogenannte Tascheninhalt (Schlüsselbund, Münzgeld u. a.) gelegt werde. Diese Gegenstände würden von dem Kontrolleur C überprüft. Der Fluggast selbst stelle sich einer weiteren Person D, welche die sogenannte Personenkontrolle vornehme. Sodann begebe er sich zu seinem Handgepäck sowie den in den Plastikbehälter gelegten weiteren Gegenständen und habe einer abermals weiteren Kontrollperson E – ggf. – ein mitgeführtes „technisches Gerät", z. B. Fotoapparat, Kamera vorzuführen.

(BAG 31.07.2002, AP Nr. 291 zu §§ 22, 23 BAT 1975)

Das BAG bestätigte die Entscheidung des LAG BW, wonach jede dieser Tätigkeiten ein eigenständiges Ergebnis habe, nämlich die Kontrolle von Handgepäck, Kleidung und Tascheninhalt, „technischem Gerät" und Person des Fluggastes.

Die Trennung entspreche einer vernünftigen Verwaltungsübung, weil die Aufteilung zu einer Beschleunigung der Kontrolle führe. Die Aufgaben stellten unterschiedliche Anforderungen an den Mitarbeiter und seien eigenständig bewertbar. Unschädlich sei, dass alle Arbeitsvorgänge „einem übergeordneten Sicherheitsziel" (BAG, a. a. O.) dienen. Denn jeder Kontrollschritt führe zu der Entscheidung, ob von dem Fluggast oder einer seiner Sachen eine Gefahr ausgehe und ob ggf. ein Polizeibeamter hinzugezogen werden müsse. Insofern liege bei jedem Kontrollschritt ein verwertbares Zwischen- bzw. ein Arbeitsergebnis vor.

Diese Arbeitsergebnisse seien keine „Teilergebnisse" einer „Arbeitseinheit". Es finde keine unzulässige Aufspaltung und keine „wirklichkeitsfremde Zersplitterung eines einheitlichen Arbeitsergebnisses" (BAG, a. a. O.) statt. Vielmehr sei die Verteilung der Kontrollabschnitte auf verschiedene Beschäftigte sinnvoll und vernünftig.

In die gleiche Richtung geht die Entscheidung des BAG (23.02.2005, AP Nr. 30 zu §§ 22, 23 BAT-O). Die Vorinstanz hatte die Tätigkeit eines sogenannten Rückstandssachbearbeiters bei einer Krankenkasse als einheitlichen Arbeitsvorgang gesehen, obwohl die Tätigkeiten unterschiedliche tarifliche Wertigkeiten hatten und diese unter tatsächlichen Gesichtspunkten trennbar waren.

Praxis-Tipp:

Für die Arbeit der Organisatoren und Personaler ist es wichtig, auf Änderungen in der Rechtsprechung zu reagieren. Anderenfalls droht ein Kontrollverlust über die Eingruppierung.

Diese Tendenz wurde in weiteren Entscheidungen bestätigt: Im Versuchslabor einer Universität sind Tätigkeiten im verpackungstechnischen Versuchsfeld von der Anfertigung von Apparaten für Lehr- und Forschungsaufgaben, der Reparatur von vorhandenen Versuchseinrichtungen und der Lehrlingsausbildung zu unterscheiden (vgl. BAG 08.11.2006, 4 AZR 620/05, ZTR 2007, S. 381).

Die Tätigkeit eines Sachbearbeiters eines Landeskriminalamtes gliedert sich in verschiedene Arbeitsvorgänge, die jeweils zu einem bestimmten abtrennbaren Arbeitsergebnis führen: Verwahrung Festgenommener, Vorgangsbearbeitung, erkennungsdienstliche Maßnahmen, Vertretung des Schichtführers (vgl. BAG 06.06.2007, AP Nr. 308 zu §§ 22, 23 BAT 1975).

Die Bildung von Arbeitsvorgängen im ehemaligen Arbeiterbereich

Auf Basis der objekt-/einzelfallbezogenen Auffassung der Tarifvertragsparteien zum Arbeitsvorgang gemäß BAT, TV-L, TVöD-Bund bzw. gemäß Verhandlungsstand zum TVöD-VKA: „Durchführung einer Unterhaltungs- oder Instandsetzungsarbeit" einerseits und der regelmäßigen Zusammenfassung dieser bei vergleichbarem Schwierigkeits- bzw. Verantwortungsgrad durch das BAG andererseits lassen sich zwei wichtige Eckpunkte für die Bildung von Arbeitsvorgängen im ehemaligen Arbeiterbereich ableiten:

1. Das zu erbringende Arbeitsergebnis wird sich wesentlich nach den zu betreuenden technischen Anlagen richten.
2. Dabei können alle Einzeltätigkeiten zu einem Arbeitsvorgang zusammengefasst werden, die einen ununterbrochenen Arbeitsablauf darstellen.

Ob auch Einzeltätigkeiten mit einem engen inneren Sachzusammenhang einen großen Arbeitsvorgang bilden können, wird grundlegend von der Gestaltung der Tätigkeitsmerkmale der neuen Entgeltordnung nach Oberbegriffen und den konkretisierenden Beispieltätigkeiten bestimmt. Die bereits in Kraft gesetzte Entgeltgruppe 1 TVöD gibt – gerade für ehemalige Arbeitertätigkeiten – einen ersten Einblick.

Danach orientieren sich die Beispieltätigkeiten an typischen Berufs- bzw. Tätigkeitsbildern, wie sie bereits die Lohngruppenverzeichnisse aufwiesen. Darüber hinaus werden wohl auch in Zukunft Tätigkeiten mit Leitungs- bzw. Aufsichtsfunktionen ein mögliches Heraushebungsmerkmal darstellen.

Nach diesen Grundüberlegungen zeichnen wir im Folgenden die Bildung von Arbeitsvorgängen für einen Schichtführer (vgl. BAG 15.02.2006, AP Nr. 3 zu §§ 22, 23 BAT Rückgruppierung) nach:

Der Beschäftigte ist einer von drei Schichtführern in der Technikzentrale eines Universitätsklinikums (UKK). Im Rahmen der Schichtführung sind ihm drei Arbeiter und zwei Personen, die Zivildienst leisten, unterstellt. Zu seinen Aufgaben zählen die Betreuung der vielfältigen technischen Anlagen des UKK (z. B. Druckluft-, Fernwärme-, Lüftungs-, Notstromanlagen), im Einzelnen:

Lfd. Nr.	Aufgabe	Auszuführende Tätigkeiten		%
1.	Bedienen	1.	Bedienung der Regelungstechnik zur optimalen Fahrweise der technischen Anlagen im UKK	10 %
		2.	Bedienung der computergestützten Gebäudeleittechnik zur Ermittlung von technischen Unregelmäßigkeiten bzw. Störausfällen	

Lfd. Nr.	Aufgabe	Auszuführende Tätigkeiten		%
		3.	Bedienung der Brandmeldeanlage zur Freischaltung von Melderstrecken (Sanierung)	
		4.	Eingriff in die klimatechnischen Regelungsstrecken zur Anpassung an die jeweiligen vorgegebenen Bedingungen im OP-Bereich	
		5.	Kontrolle und Optimierung der Parameter sowie der technischen Anlagen zur Sauerstoffversorgung der OP und Intensivstationsbereiche sowie der zentralen Druckluftversorgung (medizinische Druckluft)	
2.	Kontrolle	6.	Kontrolle der technischen Anlagen auf ihre Funktionsfähigkeit durch Vor-Ort-Begehung im Klinikum K bzw. im innerstädtischen Bereich sowie der außenliegenden Liegenschaften	10 %
		7.	Kontrolle der Mitarbeiter auf ordnungsgemäße Durchführung der ihnen übertragenen Arbeitsaufträge im Schichtbereich	
3.	Störungsbeseitigung	8.	Beseitigung/Organisation der Störungsbeseitigung	40 %
		9.	Bagatellstörungen durch Schichtpersonal	
		10.	Organisation des technischen Bereitschaftsdienstes in Abstimmung mit dem bereitschaftsdiensthabenden Leiter	
		11.	Organisation der notwendigen Maßnahmen in Abstimmung mit den Kliniken und Institutsbereichen zur Havariebeseitigung	

3

3

Lfd. Nr.	Aufgabe	Auszuführende Tätigkeiten		%
		12.	Ist qualifiziert, im Störungsfall die Netzersatzanlagen (Dieselaggregate) zu starten, um den Krankenhausbetrieb aufrechtzuerhalten.	
		13.	Analysiert die Störungen und organisiert die sachgerechte Abarbeitung.	
4.	Organisation	14.	Beauftragt die in der Schicht tätigen Mitarbeiter zur Abarbeitung von Störungen, Havarien.	40 %
		15.	Organisiert die fachgerechte Zuordnung von Störungs- und Reparaturmeldungen durch die Mitarbeiter.	
		16.	Erreicht durch Verteilung der anstehenden Arbeitsaufgaben innerhalb der Schichtbesetzung, dass die technischen Anlagen und Systeme der Med. Fakultät ordnungsgemäß funktionieren und steuert die technischen Prozesse.	
		17.	Organisiert im Rahmen der Störungsmeldung die reibungslose Zusammenarbeit unterschiedlicher Gewerke außerhalb der Dienstzeit sowie an Sonn- und Feiertagen.	
		18.	Ist verantwortlich für die Arbeitsorganisation innerhalb der Schicht.	
		19.	Leitet die Mitarbeiter hinsichtlich einer effektiven Anlagenfahrweise unter besonderer Berücksichtigung der Energieeinsparung für den optimalen Einsatz der Energieerzeugung und Umformeranlagen.	

Von einem fortlaufenden ununterbrochenen Arbeitsablauf kann bei den Tätigkeiten 1. bis 4. nicht ausgegangen werden. Sie bauen nicht zwingend aufeinander auf, da nicht jeder Kontroll- (2.) bzw. Überwachungsvorgang (1.) **zwingend** eine Störungsbeseitigung (3.) bzw. eine Organisation (4.) nach sich zieht. So stellt sich die Frage, ob zwischen den Aufgaben ein enger innerer Sachzusammenhang besteht, der seinerseits das Vorliegen eines Arbeitsvorgangs begründen kann. Das kann dann der Fall sein, wenn die Stelle zumindest Funktionscharakter hat und damit aufgrund der (Allein-) Zuständigkeit des Beschäftigten von einem einheitlichen Arbeitsergebnis ausgegangen werden kann.

Von einem solchen kann man hier ausgehen. Die Funktion des Schichtführers, als eine Form von Aufsicht bzw. Leitung, kennen bzw. kannten bereits die Lohngruppenverzeichnisse. Danach ist unter einem Schichtführer ein Arbeiter zu verstehen, der einem oder mehreren Arbeitern (Arbeitsgruppe) vorsteht bzw. der die Verantwortung für die während seiner Schicht anfallenden Aufgaben trägt, ohne dass ihm jemand unterstellt ist (vgl. BAG 31.08.1988, AP Nr. 5 zu § 21 MTL II).

Nach diesem Grundsatz können zumindest alle koordinierenden und kontrollierenden Aufgaben im Rahmen der Schichtführung zu einem Arbeitsvorgang zusammengefasst werden (Einzeltätigkeiten unter lfd. Nrn. 7.–9., 11., 13.–16., 18., 19.).

Vom Maß der Zeit: Zeitanteile

Zeitanteile sind eine wesentliche Voraussetzung, um Stellen unter Anwendung der Vergütungs- bzw. Entgeltordnung bewerten zu können (siehe auch Richter/Gamisch, RiA 2008, S. 241 ff.). Sie spiegeln die Verteilung des zeitlichen Aufwands auf die einzelnen Arbeitsvorgänge wider. Ihre Ermittlung ist demnach erst zweckmäßig, wenn Arbeitsvorgänge und Arbeitsschritte feststehen (so auch Krasemann 2005, 12. Kapitel, Rn. 316).

Trotz dieser elementaren Bedeutung haben sich die Gerichte und die Literatur zum Eingruppierungsrecht nur am Rande mit der Frage der Ermittlung von Zeitanteilen auseinandergesetzt und diese Grundsätze formuliert: Der zeitliche Aufwand muss für jeden Arbeitsvorgang gesondert festgestellt werden. Adäquat sind Methoden, die im Rahmen von Organisationsuntersuchungen zur Ermittlung des Personalbedarfs zum Einsatz kommen. Dazu zählen beispielsweise:

- qualifizierte Schätzung
- Selbstaufschreibung/Arbeitstagebuch
- Multimomentaufnahme
- Laufzettelverfahren

(so z. B. BAG 18.05.1994, AP Nr. 5 zu §§ 22, 23 BAT Datenverarbeitung)

Schätzung

Das Ermitteln von Zeiten durch Schätzung erfordert fundierte Erfahrungswerte des Schätzers über die zu bearbeitenden Sachverhalte unter Berücksichtigung der Prozessabläufe, da – auf Basis von Erfahrungswerten aus der Vergangenheit – Daten für die Gegenwart und Zukunft gewonnen werden sollen. Aus organisatorischer Sicht kommt dieses Verfahren nur dann zum Einsatz, wenn eine genauere Ermittlungsmethode aufgrund von betrieblichen Gegebenheiten nicht möglich bzw. eine hundertprozentig präzise Datenbasis nicht zwingend erforderlich ist.

Für die Ermittlung der Zeitanteile bedeutet dies, dass die Schätzung als ausreichend angesehen werden kann, wenn über die Schätzergebnisse keine Differenzen zwischen Personal- bzw. Organisationsabteilung und der schätzenden Fachabteilung zu erwarten sind.

Selbstaufschreibung

Das Führen eines Arbeitstagebuchs ist Kernelement der Selbstaufschreibung. Der Mitarbeiter selbst dokumentiert seine täglich durchgeführten Arbeiten in zeitlicher Abfolge. Die Anfangs- und Endzeitpunkte müssen klar erkennbar sein. Es sind daher am besten Von-bis-Zeiten anzugeben. Als Erleichterung werden entsprechende Erfassungsbögen entwickelt und bereitgestellt. Sie geben die zu erfassenden Tätigkeiten (hier die Arbeitsvorgänge mit Arbeitsschritten) vor.

Arbeitstagebuch

Datum: 01.10.2014			
Stelle: Sachbearbeiter für ...			
Beginn-zeit	**End-zeit**	**Nr. des Arbeitsvorgangs**	**Nr. des Arbeitsschritts**
08.00	08.15	1.	1.3
08.15	08.50	2.	2.4

Praxis-Tipp:

Für ständig wiederkehrende Aufgaben (z. B. Telefonate bzgl. Kundenanfragen), die häufig am Tag vorkommen und nur wenig Zeit in Anspruch nehmen (bis ca. fünf Minuten), kann eine Einzelzeitaufnahme mit anschließender Strichlistenführung vorgenommen werden.

Damit die Selbstaufschreibung zu brauchbaren Ergebnissen führt, ist es erforderlich, die Mitarbeiter vor Aufschreibungsbeginn umfassend über diese Erhebungstechnik zu informieren und einzuweisen. Nach etwa einer Woche sollten die Aufschreibungen geprüft werden, um festzustellen, ob sie tatsächlich ordnungsgemäß erfolgen und weiterverwertbar sind. Zum besseren Verständnis und damit zum Absichern der sachgerechten Umsetzung sind notwendige Änderungen den Mitarbeitern nicht nur schriftlich mitzuteilen, sondern auch mündlich zu erläutern.

Multimomentaufnahme

Die Multimomentaufnahme ist ein Stichprobenverfahren, bei dem aus einer Vielzahl von (Augenblick-)Beobachtungen statistisch gesicherte Zeit- und ggf. Mengenangaben abgeleitet werden. Um dies zu erreichen, werden im Vorfeld die zu beobachtenden Tätigkeiten katalogmäßig erfasst und entsprechend repräsentative Beobachtungszahlen und -zeitpunkte ausgewählt. Mithilfe des erstellten Aufnahmekatalogs werden dann für die darin festgehaltenen Tätigkeiten die anfallenden Zeiten und ggf. Mengen erfasst. Diese Form der Zeiterfassung unterliegt dann nicht der Mitbestimmung des Betriebsrats nach § 87 Abs. 1 Nr. 1, 6 BetrVG, wenn sie mithilfe von Bleistift/Kugelschreiber und Stoppuhr durchgeführt wird (vgl. LAG Schleswig-Holstein 04.07.1985, 5 TaBV 15/85, BB 1985, S. 1791 f.). Auf Basis der so erhobenen Stichproben wird mittels der Wahrscheinlichkeitsrechnung die Gesamtheit der Zeiten und Mengen ermittelt (vertiefend Wittlage 1993, S. 85 ff.). Je nach Aufgabenart stehen dazu zwei unterschiedliche Teilverfahren zur Verfügung: Das Multimomenthäufigkeitszählverfahren und das Multimomentzeitmessverfahren.

Praxis-Tipp:

Das Multimomenthäufigkeitszählverfahren ist nur für Bereiche geeignet, in denen relativ wenig verschiedene, immer wiederkehrende Tätigkeiten in großer Anzahl durchgeführt werden (Routinetätigkeiten). Zu diesen Bereichen zählen: Bezügerechnung, Buchhaltung und Sekretariatsarbeiten. In Bereichen mit sich kaum wiederholenden, zeitintensiven Tätigkeiten (planende, beratende, kreative Tätigkeiten) ist hingegen das Multimomentzeitmessverfahren anzuwenden.

Laufzettelverfahren

Das Laufzettelverfahren ist im Gegensatz zu den drei vorgenannten Techniken eine objektorientierte Form der Zeiterfassung. Es erfolgt eine detaillierte Ermittlung des Wegs, der Bearbeitungs- und Durchlaufzeiten eines Bearbeitungsfalls (z. B. eine Akte, ein Antrag, ein Werkstück) mittels eines angebrachten Zettels. Auf diesem wird vom jeweiligen Bearbeiter der Arbeitsablauf im o. g. Sinne kurz vermerkt. Zusätzlich sind die Bearbeitungszeiten und ggf. -mengen zu erfassen. Nach einem längeren Erhebungszeitraum (z. B. einem Monat) werden die Daten ausgewertet. Für den Betriebsrat besteht kein Mitbestimmungsrecht gemäß § 87 Abs. 1 Nr. 6 BetrVG (vgl. BAG 25.09.2012, 1 ABR 50/11, NZA 2013, S. 467).

Praxis-Tipp:

Die objektorientierte Ausrichtung des Laufzettelverfahrens macht es für die Ermittlung von Zeitanteilen am wenigsten geeignet. Für die Eingruppierung ist die Notwendigkeit der Ermittlung von Zeitanteilen unmittelbar an den Begriff des Arbeitsvorgangs gekoppelt. Arbeitsvorgänge werden aber in aller Regel nicht objektorientiert gebildet (vgl. Seite 21 ff.). Einzige Ausnahme sind Ingenieurstellen im Bereich der Bauunterhaltung, Bauleitplanung und Bauantragsprüfung. Hier sieht die Rechtsprechung in der Regel eine objektorientierte Bildung von Arbeitsvorgängen vor (vgl. Hofmann/Reidelbach, A 330, VIII., X.).

Zeitraum und Zeitpunkt der Erhebung

Die Dauer für die Ermittlung der Zeitanteile ist methodenunabhängig und einzelfallbezogen zu bestimmen. Sie richtet sich grundsätzlich danach, zu welchen Zeitpunkten und in welchem Zeitrahmen alle auf Dauer auszuübenden Tätigkeiten in repräsentativem Umfang angefallen sind. Konkret müssen Zeitraum und Zeitpunkt der Erhebung so gewählt sein, dass nicht nur alle Tätigkeiten überhaupt zu erledigen waren (Arbeitsanfall), sondern auch die jeweiligen Arbeitsmengen typisch sind. Schwanken die Arbeitsmengen über- oder unterjährig, sind unterschiedliche Erhebungszeitpunkte und -räume zu bestimmen, um diese Schwankungen auszugleichen.

Praxis-Tipp:

Klassisch sind solche Unterschiede im Arbeitsanfall bei Aufgaben der Haushalts- bzw. Wirtschaftsplanung und des Jahresabschlusses. Die Bestimmung geeigneter Termine zu Beginn und Dauer von Zeitermittlungen könnten in diesem Fall wie folgt aussehen:

1. Ermittlung der insgesamt auszuübenden Tätigkeiten:
   a) Wirtschaftsplanung
   b) Jahresabschluss
   c) Laufende Buchhaltung
2. Ermittlung der Hauptbearbeitungszeiträume:
   zu a) Januar bis März
   zu b) Dezember bis Februar
   zu c) ganzjährig ohne nennenswerte Schwankungen
3. Festlegung von Zeitpunkt und Zeitdauer der Erhebung:
   zu a) Zeitpunkt und -dauer: Januar bis März, um alle durch interne Abstimmungsprozesse bedingten Schwankungen abzudecken
   zu b) Zeitpunkt und -dauer: Dezember bis Februar, um alle durch interne Abstimmungsprozesse bedingten Schwankungen abzudecken
   zu c) Zeitpunkt: zwischen April und November, Dauer: vier Wochen, da die laufende Buchhaltung in der Regel keinen starken Schwankungen unterworfen ist

4

Im Rahmen von Eingruppierungsprozessen wurde die Frage nach geeigneten Erhebungszeitpunkten und -zeiträumen nur selten konkretisiert, so zum Beispiel:

1. Unterliegen die Tätigkeiten eines Arbeitnehmers von ihrem Schwierigkeitsgrad her Schwankungen, kann der Zeitraum zur Erfassung der Zeitanteile sechs Monate und mehr betragen (BAG 26.04.1966, AP Nr. 2 zu §§ 22, 23 BAT).
2. Ein Zeitraum von sieben Monaten ist für die Erfassung von Vertretungszeiten nicht repräsentativ, wenn in dieser Zeit ca. 83 Prozent aller Urlaubstage des zu Vertretenden angefallen sind (LAG Hamm 10.02.1999, 18 Sa 837/98, EzBAT §§ 22, 23 BAT B.1 Allgemeiner Verwaltungsdienst VergGr. IVb Nr. 20).
3. Nimmt ein Arbeitnehmer regelmäßig an Bereitschaftsdiensten teil, ist die darin zu leistende Arbeit bei der Zeitanteilsermittlung mit zu berücksichtigen. Für die Zeitermittlung dürften sechs

Monate ausreichen (BAG 29.11.2001, AP Nr. 288 zu §§ 22, 23 BAT 1975).

Praxis-Tipp:

Die vorgenommenen Aufzeichnungen müssen somit repräsentativ sein. Bei einfachen, sich ständig wiederholenden Tätigkeiten reicht ein Zeitraum von einem Monat aus (vgl. Schaub-Linck 2013, § 183 Rn. 127). Ansonsten sollten im Zweifel sechs bis zwölf Monate aufgezeichnet werden (siehe z. B. BAG 29.11.2001, AP Nr. 288 zu §§ 22, 23 BAT 1975).

Zur Umrechnung der erfassten Zeiten in Zeitanteile kann folgende Tabelle zur Arbeitserleichterung genutzt werden.

Zeitanteile in %	Arbeitstage	Arbeitswochen
1	2,08	0,42
2	4,16	0,84
3	6,24	1,26
4	8,32	1,68
5	10,40	2,10
6	12,48	2,52
7	14,56	2,94
8	16,64	3,36
9	18,72	3,78
10	20,80	4,20
11	22,88	4,62
12	24,96	5,04
13	27,04	5,46
14	29,12	5,88
15	31,20	6,30
16	33,28	6,72
17	35,36	7,14
18	37,44	7,56
19	39,52	7,98
20	41,60	8,40
21	43,68	8,82

Zeitanteile in %	Arbeitstage	Arbeitswochen
22	45,76	9,24
23	47,84	9,66
24	49,92	10,08
25	52,00	10,50
26	54,08	10,92
27	56,16	11,34
28	58,24	11,76
29	60,32	12,18
30	62,40	12,60
31	64,48	13,02
32	66,56	13,44
33	68,64	13,86
34	70,72	14,28
35	72,80	14,70
36	74,88	15,12
37	76,96	15,54
38	79,04	15,96
39	81,12	16,38
40	83,20	16,80
41	85,28	17,22
42	87,36	17,64
43	89,44	18,06
44	91,52	18,48
45	93,60	18,90
46	95,68	19,32
47	97,76	19,74
48	99,84	20,16
49	101,92	20,58
50	104,00	21,00
51	106,08	21,42
52	108,16	21,84
53	110,24	22,26
54	112,32	22,68
55	114,40	23,10
56	116,48	23,52
57	118,56	23,94

Zeitanteile in %	Arbeitstage	Arbeitswochen
58	120,64	24,36
59	122,72	24,78
60	124,80	25,20
61	126,88	25,62
62	128,96	26,04
63	131,04	26,46
64	133,12	26,88
65	135,20	27,30
66	137,28	27,72
67	139,36	28,14
68	141,44	28,56
69	143,52	28,98
70	145,60	29,40
71	147,68	29,82
72	149,76	30,24
73	151,84	30,66
74	153,92	31,08
75	156,00	31,50
76	158,08	31,92
77	160,16	32,34
78	162,24	32,76
79	164,32	33,18
80	166,40	33,60
81	168,48	34,02
82	170,56	34,44
83	172,64	34,86
84	174,72	35,28
85	176,80	35,70
86	178,88	36,12
87	180,96	36,54
88	183,04	36,96
89	185,12	37,38
90	187,20	37,80
91	189,28	38,22
92	191,36	38,64
93	193,44	39,06

Zeitanteile in %	Arbeitstage	Arbeitswochen
94	195,52	39,48
95	197,60	39,90
96	199,68	40,32
97	201,76	40,74
98	203,84	41,16
99	205,92	41,58
100	208,00	42,00

Das BAG hat das Recht des Arbeitgebers zur Anweisung von Arbeitsaufzeichnungen gegenüber dem Arbeitnehmer klargestellt: Der Arbeitgeber ist im Rahmen seines Direktionsrechts berechtigt, vom Arbeitnehmer die Dokumentation der erbrachten Arbeitsleistungen zu verlangen. Dabei kann er – je nach Zweck – auch unterschiedliche Qualitäten der Aufzeichnung der erbrachten Arbeitsleistungen fordern:

1. Zweck: Nachweis der erbrachten Arbeitsleistung

Täglicher Tätigkeitsbericht:		**Datum:**
Uhrzeit	**Tätigkeit**	**Anzahl der bearbeiteten Vorgänge**

2. Zweck: Erstellen einer Stellenbeschreibung und -bewertung

Tägliche Arbeitsaufzeichnungen über vier Wochen anhand eines noch umfangreicheren Formulars mit Einzelzeitangaben in Minuten für jeden zu bearbeitenden Einzelfall.

(vgl. BAG 19.04.2007, AP Nr. 77 zu § 611 BGB Direktionsrecht)

In der Praxis stellt sich immer wieder die Frage, welche Bedeutung Aufzeichnungen des Beschäftigten bei der Bestimmung des Zeitanteils haben, wenn die Verteilung der Zeitanteile auf die einzelnen Tätigkeiten/Arbeitsvorgänge zwischen Arbeitgeber und Beschäftigten strittig ist. Letztlich ist der Beweiswert dieser Aufzeichnungen regelmäßig gering, wenn sie nicht für einen repräsentativen Zeitraum und lückenlos für alle übertragenen Tätigkeiten erfolgen. Zeiterfassungen, die nur für bestimmte Tätigkeiten (z. B. Abwesenheitsvertretungen) vorgenommen werden, sind unzureichend.

Zudem kommt es für die Eingruppierung – und dazu zählen auch die Zeitanteile – auf die auszuübende – das heißt die vom Arbeitgeber übertragene – Tätigkeit an. Zur auszuübenden Tätigkeit gehört nicht nur der Arbeitsinhalt, sondern auch deren Zeitaufwand (vgl. LAG Hamm 10.02.1999, 18 Sa 837/98).

Praxis-Tipp:
Der Arbeitgeber muss deshalb bei einem Rechtsstreit ganz konkret beweisen, weshalb die vom Arbeitnehmer behaupteten Zeitanteile unzutreffend sind. Es genügt nicht, zu behaupten, den Zeitaufwand für die auszuübenden Arbeitsvorgänge nicht zu kennen (§ 138 Abs. 3 und 4 ZPO; vgl. BAG 19.03.2003, 4 AZR 336/02, NZA 2004, S. 400 ff.).

Zusammenfassende Betrachtung

Die Stellenbewertung kann sich schwierig gestalten, wenn auf der Stelle verschiedene Arbeitsvorgänge mit unterschiedlichen tariflichen Anforderungen und Wertigkeiten anfallen. In diesen Fällen fordert § 22 Abs. 2 Unterabs. 2 Satz 2 BAT-VKA eine zusammenfassende Betrachtung:

§ 22 Abs. 2 Unterabs. 2 Satz 2 BAT-VKA

Kann die Erfüllung einer Anforderung in der Regel erst bei der Betrachtung mehrerer Arbeitsvorgänge festgestellt werden (z. B. vielseitige Fachkenntnisse), sind diese Arbeitsvorgänge für die Feststellung, ob diese Anforderung erfüllt ist, insoweit zusammen zu beurteilen.

Gleiches gilt für den TV-L (§ 12 Abs. 1 Satz 5) und den TVöD-Bund (§ 12 Abs. 2 Satz 3).

Die zusammenfassende Betrachtung:

BAG, AP Nrn. 2, 3, 5, 23, 33, 49, 50 zu §§ 22, 23 BAT 1975

(...) will sicherstellen, dass einem Angestellten des öffentlichen Dienstes auch diejenige Qualifizierung seiner Tätigkeit zugute kommt, die sich daraus ergibt, dass er nebeneinander mehrere Tätigkeiten ausübt, aus deren Summierung sich erst die Erfüllung bestimmter tariflicher Merkmale (z. B. besondere Bedeutung der Tätigkeit, gründliche und vielseitige Fachkenntnisse usw.) ergibt. Die Tarifnorm greift damit zugleich auf den in § 22 Abs. 2 Unterabs. 1 BAT ausgesprochenen Grundsatz zurück, wonach der Angestellte in diejenige Vergütungsgruppe eingruppiert ist, deren Tätigkeitsmerkmalen die gesamte von ihm nicht nur vorübergehend auszuübende Tätigkeit entspricht."

(BAG 22.11.1977, AP Nr. 2; BAG 07.12.1977, AP Nr. 3; BAG 08.02.1978, AP Nr. 5; BAG 16.05.1979; AP Nr. 23; BAG 28.05.1980, AP Nr. 33; BAG 07.10.1981, AP Nr. 49; BAG 07.10.1981, AP Nr. 50 – alle zu §§ 22, 23 BAT 1975)

Diese ergänzende Form der Bewertung sichert Arbeitnehmern höhere Eingruppierungsmöglichkeiten, vor allem wenn sie nebeneinander Aufgaben unterschiedlicher Art ausüben und dafür jeweils andersartige Kenntnisse und Erfahrungen einsetzen müssen.

Die Bewertung erfolgt dann in zwei Schritten:

1. Bildung und Bewertung der einzelnen Arbeitsvorgänge

Beispiel:

Vier Aufgaben unterschiedlicher Art (anderer Arbeitsweg sowie unterschiedliche, voneinander abgrenzbare Arbeitsergebnisse)
Folge: vier Arbeitsvorgänge
Bewertungsergebnis der einzelnen Arbeitsvorgänge:
Jeder Arbeitsvorgang erfüllt für sich die Anforderungen des Tätigkeitsmerkmals „gründliche und vielseitige Fachkenntnisse".

2. Zusammenfassende Betrachtung der Aufgaben und Kenntnisse und erneute Prüfung der Erfüllung der nächsthöheren Tätigkeitsmerkmale (soweit für die zusammenfassende Betrachtung zugelassen)

Fortführung des oben genannten Beispiels:

Erneute Prüfung der vier Arbeitsvorgänge, ob ggf. das auf den „gründlichen und vielseitigen Fachkenntnissen" aufbauende Tarifmerkmal der „gründlichen, umfassenden Fachkenntnisse" erfüllt ist.

Diese zusammenfassende Beurteilung wurde von der Rechtsprechung bei folgenden Tätigkeitsmerkmalen zugelassen:

- gründliche Fachkenntnisse
(BAG 20.07.1983, AP Nr. 75; BAG 24.08.1983, AP Nr. 78, beide zu §§ 22, 23 BAT 1975)
- gründliche, umfassende Fachkenntnisse
(LAG Hamm 29.10.1997, 18 Sa 318/97; LAG Hamm 28.06.1995, 18 Sa 1266/94, zit. nach Hofmann/Reidelbach, Z 200)
- der „besonderen Leistungen" im Sinne der Vergütungsgruppe IVa FG 1 des Eingruppierungstarifvertrags für Angestellte in technischen Berufen der Anlage 1a BAT-VKA
(BAG 12.12.1990, AP Nr. 154; BAG 20.10.1993, AP Nr. 173, beide zu §§ 22, 23 BAT 1975)
- des „besonderen Maßes der Verantwortung" im Sinne der Vergütungsgruppe III FG 1a bzw. Ia des Allgemeinen Teils der Anlage 1a BAT-VKA
(BAG 08.02.1978, AP Nr. 5; BAG 07.10.1981, AP Nr. 49; BAG

07.10.1981, AP Nr. 50; BAG 25.11.1981, AP Nr. 51; BAG 10.02.1982, AP Nr. 57; BAG 06.06.1984, AP Nr. 90, alle zu §§ 22, 23 BAT 1975)

- des „akademischen Zuschnitts" einer Tätigkeit im Sinne der Vergütungsgruppe II BAT-VKA bzw. Entgeltgruppe 13 TV-L/ TVöD-Bund
  (BAG 10.02.1982, AP Nr. 57 zu §§ 22, 23 BAT 1975)

Hingegen ist die Anerkennung der besonderen Schwierigkeit durch zusammenfassende Betrachtung nur bei Verbindung ungewöhnlicher, spezieller und jeweils differenzierter Anforderungen an die jeweiligen Einzelaufgaben möglich (vgl. BAG 01.08.2001, 4 AZR 298/00, zit. nach Hofmann/Reidelbach, Z 200).

Die aktuelle Rechtsprechung des BAG weitet die Anwendung der zusammenfassenden Betrachtung weiter aus. Danach ist eine zusammenfassende Betrachtung auch möglich, wenn das einschlägige Tätigkeitsmerkmal qualitative oder quantitative Tatbestandsmerkmale enthält. Danach ist zum Beispiel nicht ausgeschlossen, die Erfüllung des Tätigkeitsmerkmals „Leitung einer größeren Organisationseinheit" (TV-Ärzte Hessen) aufgrund einer zusammenfassenden Betrachtung der Leitung von zwei Stationen anzunehmen (BAG 16.05.2012, 4 AZR 300/10, ZTR 2012, S. 699 ff.; Eingruppierung eines Oberarztes nach TV-Ärzte Hessen).

Selbstständige Leistungen können hingegen überhaupt nicht mithilfe einer zusammenfassenden Betrachtung ermittelt werden. Sie sind stets nur innerhalb eines einzelnen Arbeitsvorgangs erfüllbar (BAG 28.04.1982, AP Nr. 62 zu §§ 22, 23 BAT 1975).

Der TVöD-/BAT-VKA, TV-L und TVöD-Bund fordern somit komplexe Abwägungen, so dass deutlich wird, dass auf Stellenbeschreibungen im öffentlichen Dienst aus tarifrechtlichen Gründen nicht verzichtet werden kann. Regelmäßig verkennen Kritiker von Stellenbeschreibungen diese rechtliche Ausgangssituation (zu den Einzelheiten siehe auch Richter/Gamisch, gEG IV.B.10).

Die neue Entgeltgruppe 1 TVöD-VKA

Die Konturen des künftigen Eingruppierungsrechts zeichnen sich bei der neuen Entgeltgruppe 1 TVöD-VKA ab (zur EG 1 TV-L siehe Richter/Gamisch, gEG IV.D.1.2, S. 1 ff.).

Outsourcing verhindern – Insourcing ermöglichen

Outsourcing gehört(e) auch im öffentlichen Dienst zur Normalität. Der Kostendruck beim Personal führt(e) zur Auslagerung einfacher Tätigkeiten an externe Dienstleister. Die neuen Leichtlohngruppen in den reformierten Tarifverträgen sollen diese Tendenz stoppen, und mehr noch umkehren: Ziel der Entgeltgruppe 1 des TVöD-VKA ist sogar das Insourcing. Nunmehr liegen die ersten Entscheidungen der Arbeitsgerichte vor. Zweifel am Erfolg der Idee sind durchaus berechtigt. Mit der Entgeltgruppe 1 wurde eine Leichtlohngruppe geschaffen, die unterhalb der bislang niedrigsten Lohngruppe der alten Tarifverträge der Arbeiter angesiedelt ist.

Einfachste Tätigkeiten

Die neue Entgeltgruppe 1 TVöD-VKA erfasst „einfachste Tätigkeiten".

§

Text der Entgeltgruppe 1 für TVöD-VKA

Beschäftigte mit einfachsten Tätigkeiten, zum Beispiel

- Essens- und Getränkeausgeber/innen
- Garderobenpersonal
- Spülen und Gemüseputzen und sonstige Tätigkeiten im Haus- und Küchenbereich
- Reiniger/innen in Außenbereichen wie Höfe, Wege, Grünanlagen, Parks
- Wärter/innen von Bedürfnisanstalten
- Servierer/innen
- Hausarbeiter/innen
- Hausgehilfe/Hausgehilfin
- Bote/Botin (ohne Aufsichtsfunktion)

Ergänzungen können durch landesbezirklichen Tarifvertrag geregelt werden.

Praxis-Tipp:
Diese Zuordnung gilt unabhängig von bisherigen tariflichen Zuordnungen zu Vergütungs-/Lohngruppen.

Die Entgeltgruppe 1 beinhaltet somit einen Beispielskatalog, der nur durch gesonderte Tarifverträge ergänzt werden kann. Die dort aufgezählten Beispielstätigkeiten sollen das Tarifmerkmal „einfachste Tätigkeiten" verdeutlichen.

Die neue Einfachheit

Mit dem Katalog befinden sich TVöD-Anwender zunächst in einer günstigeren Ausgangsposition. Bei der Eingruppierung stecken aber die Tücken im Detail.

Die Anwendung des Katalogs führt bei Beschäftigten, die diese Tätigkeit in einem Arbeitsvorgang bzw. mehreren Arbeitsvorgängen mit 50 Prozent der Arbeitszeit ausüben, zu einer Erleichterung: Es erfolgt keine gesonderte Prüfung mehr, ob „einfachste Tätigkeiten" vorliegen. Diese werden vielmehr unwiderlegbar vermutet, wenn der Mitarbeiter die im Beispiel genannte Tätigkeit ausübt. Wird demgegenüber kein Beispiel erfüllt, muss unter den sogenannten Oberbegriff „einfachste Tätigkeiten" subsumiert werden.

Praxis-Tipp:
Das gilt beispielsweise für Reinigungskräfte im Innenbereich. Das Fehlen im Katalog führt nicht automatisch zur Eingruppierung in die Entgeltgruppe 2 TVöD-VKA.

Vielmehr muss zunächst geprüft werden, ob nicht der abstrakte Oberbegriff vorliegt. Reinigungsarbeiten im Außen- und Innenbereich sind gleichwertig (siehe auch Hofmann/Reidelbach, B 400, S. 2 zum TVöD). Eine Heraushebung erfolgt in eine höhere Entgeltgruppe nur für die Tätigkeit der Reinigung in anderen Bereichen (z. B. Werkstätten und Labore), für die ein gesteigertes Maß an Geschicklichkeit oder geistiger Anstrengung notwendig ist.

Die neueste Rechtsprechung

Mit dieser Systematik kann es gelingen, aus der Sicht des Arbeitgebers kostenmäßig vertretbare Eingruppierungen im Bereich der Ungelernten vorzunehmen.

Praxisbeispiel:

So können die Tätigkeiten einer Küchenhilfe in einem Krankenhaus als „einfachste Tätigkeit“ im Sinne der Entgeltgruppe 1 TVöD-VKA zu bewerten sein:

Auszuübende Tätigkeit	Zeitanteil ... der Gesamttätigkeit
a) Portionierung von Speisen	zu etwa 33 %
b) Reinigen der Küche	zu etwa 25 %
c) Beschickung und Entladung des Geschirrspülbands	zu etwa 35 %
d) Wickeln von Bestecken	zu etwa 7 %

In seiner Entscheidung hat das LAG Baden-Württemberg (tarifwidrig) keinen Arbeitsvorgang gebildet, sondern wohl untechnisch einerseits von „Arbeitsvorgang“ und andererseits „Arbeitsvorgängen“ gesprochen. Tatsächlich ist von vier Arbeitsvorgängen auszugehen (zur Bildung von Arbeitsvorgängen im Arbeiterbereich siehe Seite 57 ff.).

Die Tätigkeit zu a) ist trotz eines erhöhten intellektuellen Aufwands eine einfachste Tätigkeit im Sinne der Entgeltgruppe 1 TVöD-VKA. Das gilt auch für die Tätigkeit zu c), bei der kein höherer Schwierigkeitsgrad zu erkennen ist. Ein Zeitdruck, der durch die Geschwindigkeit des Geschirrspülbands entsteht, führt nicht zu einer höheren körperlichen oder geistigen Anforderung an den Beschäftigten.

Praxis-Tipp:

Widrige Arbeitsumstände, wie Hitze und Dampf, sind nicht eingruppierungsrelevant, sondern können lediglich einen Anspruch auf Zuschlag gemäß § 19 Abs. 2 Buchstabe d) TVöD begründen.

Bei der Tätigkeit müssen von der Stelleninhaberin selbst keine Hygienevorschriften beachtet werden, weil sie die Spülmaschine nicht bedient, das heißt nicht in Gang setzen und nicht mit Spülmittel versehen muss.

Vor diesem Hintergrund sind „einfachste Tätigkeiten“:

- das Fluten von Fußböden mit durch Reinigungsmittel angereichertem Wasser mittels Schiebe- und Wischtätigkeit
- die Reinigung anderer Flächen und Geräte mit anderen Lappen
- sofern kein Zerlegen und Reinigen von Maschinen erfolgt

(vgl. LAG Baden-Württemberg 20.06.2007, 12 TaBV 3/07; Rechtsbeschwerde nicht zugelassen; ZTR 2007, S. 620, 621)

Wichtig: Die Rechtslage ist anders, wenn rechtliche oder tatsächliche Vorgaben zu beachten sind.

So sind Reinigungsarbeiten in einem Pflegeheim keine einfachsten Tätigkeiten im Sinne der Entgeltgruppe 1 TVöD:

- Bei den Sicht- und Unterhaltsreinigungen sind Hygienevorschriften zu beachten, für die eine mehrstündige Schulung erforderlich ist.
- Auch die Beachtung umfangreicher Desinfektionspläne, die eine eigenständige Entscheidung des Arbeitnehmers erfordern, welche Flächen wie aufgrund der selbst festzustellenden Verschmutzungen zu reinigen sind, schließt die Eingruppierung in Entgeltgruppe 1 aus (BAG 28.01.2009, 4 ABR 92/07).

Die Anforderungen der Entgeltgruppe 1 sind bei Reinigungsarbeiten hingegen erfüllt, wenn der Arbeitgeber den ganz konkreten Ablauf, den Arbeitsinhalt und die Arbeitsmittel klar und eindeutig vorgibt. Die Vorgaben des Arbeitgebers müssen so sein, dass die zu beachtenden Reinigungsanweisungen konkrete Handlungsanweisungen geben im Hinblick auf:

- die im Einzelnen zu reinigenden Bereiche (z. B. Fußböden, Oberflächen, Nassbereich, WC)
- die Reinigungsmittel und in welcher Dosierung sie zum Einsatz kommen, wobei die sachgerechte Dosierung über Dosieranlagen und nicht durch die Reinigungskraft selbst erfolgt
- die anzuwendenden Reinigungsgeräte (z. B. welcher Eimer, welche Lappen) und

- die konkrete Art und Weise der Reinigung für jeden der o. g. Bereiche (z. B. nass und/oder trocken nachwischen)

(vgl. BAG 20.05.2009, 4 AZR 315/08)

Praxis-Tipp:
Arbeitgeber dürfen die Anforderungen an ihre Mitarbeiter nicht überspannen: Arbeitsaufgaben der Entgeltgruppe 1 TVöD können nur „mechanische" Tätigkeiten sein, die keine geistigen Anforderungen stellen.

Zusammenfassend lässt sich feststellen, dass einfachste Tätigkeiten im Sinne der Entgeltgruppe 1 TVöD-VKA durch folgende Merkmale gekennzeichnet sind:

Anforderungen an die Entgeltgruppe 1

Einfachste Tätigkeiten erfordern:
keinerlei Vor- oder Ausbildung
↓
sehr kurze Einweisung/Anlernphase zur Erlangung von Arbeitsroutine (max. 2 Tage)
↓
nicht um Arbeitsabläufe als solche zu beherrschen
↓
da es sich um Tätigkeiten handelt, die in ihrer Einfachheit nicht zu überbieten sind:
- klare/konkrete Aufgabenzuweisung
- vorgegebene und feststehende Tätigkeitsabläufe
- gleichförmige/gleichartige/mechanische Arbeiten, die nur geringster Überlegung bedürfen
- ohne eigenes Entscheidungsrecht zur Art und Weise der Ausführung
- keine Abstimmung der Arbeiten mit anderen erforderlich

(vgl. BAG 28.01.2009, 4 ABR 92/07)

Quelle: IPW - Institut für PersonalWirtschaft GmbH

Sobald Vorschriften zu beachten sind, zum Beispiel Prozessbeschreibungen des Qualitätsmanagements oder Rechtsvorschriften des Arbeits- und Unfallschutzes, kann nur in Entgeltgruppe 2 TVöD-

VKA eingruppiert werden. Bei der Übertragung der Tätigkeiten gilt: Weniger ist mehr!

Auch in dieser Qualifikationsebene ist der Arbeitgeber faktisch gezwungen, tarifkonforme Stellenbeschreibungen vorzuhalten. Anderenfalls kann es zu bösen Überraschungen in der Einigungsstelle oder vor dem Arbeits- bzw. Verwaltungsgericht kommen.

Neben diesen Fragen zur Anwendung des Tätigkeitsmerkmals „einfachste Tätigkeit" tauchte bei der Eingruppierung in die Entgeltgruppe 1 die Frage auf, nach welchen Eingruppierungsgrundsätzen vorzugehen ist.

Zukünftig wollen die Tarifvertragsparteien generell den Arbeitsvorgang zur Bewertungsgrundlage machen (s. o.). Im Moment fehlt es aber an einer entsprechenden Neuregelung, denn die ins Auge gefasste Ausgestaltung des § 12 TVöD-VKA ist (noch) kein geltendes Recht. Auf der anderen Seite unterliegen die Tätigkeiten der Entgeltgruppe 1 nicht den Regelungen des § 22 BAT-VKA. Diesen Widerspruch löste das BAG so, dass die alten Eingruppierungsgrundsätze anzuwenden sind: Für die Eingruppierung ehemals arbeiterrentenversicherungspflichtiger Tätigkeiten sind danach Tätigkeiten zu bilden und für die Eingruppierung ehemals angestelltenversicherungspflichtiger Tätigkeiten Arbeitsvorgänge gemäß § 22 BAT-VKA.

Dieses Vorgehen ergäbe sich nach Auffassung des BAG aus § 17 Abs. 1 i. V. m. § 17 Abs. 2 TVÜ. Die Absätze unterscheiden die Eingruppierungsgrundsätze (Abs. 1) auf der einen Seite und deren Konkretisierung in den Vergütungsordnungen sowie Lohngruppenverzeichnissen auf der anderen Seite (vgl. BAG 28.01.2009, 4 ABR 92/07 und BAG 20.05.2009, 4 AZR 315/08).

Die Frage nach der Rechtsgrundlage für die Eingruppierung in die Entgeltgruppe 1 ist damit geklärt worden. Doch gleichzeitig ergibt sich eine neue rechtliche Frage:

Anders als bei allen Ein- und Umgruppierungen in die Entgeltgruppen 2 bis 15 sollte die Eingruppierung in Entgeltgruppe 1 bereits jetzt verbindlich sein. Mit der Neuregelung des § 12 TVöD-VKA wird aber der Arbeitsvorgang die Bewertungsgrundlage für alle Tätigkeiten sein. Die Anwendung des Arbeitsvorgangs hat das BAG in seiner o. g. Rechtsprechung jedoch ausgeschlossen. Konsequenterweise können aber dann auch die Eingruppierungen der Entgeltgruppe 1 nur vorläufiger Natur sein, da aus den im Moment bewerteten Tätigkeiten zukünftig Arbeitsvorgänge gebildet werden müssen.

In der Praxis bestehen generell keine großen Unterschiede, da für die Bildung von Tätigkeiten bzw. Arbeitsvorgängen vergleichbare Kriterien gelten. Zu beachten ist, dass die im Einzelfall anzuwendenden Maßstäbe für die Bildung von Tätigkeiten weniger streng sind (vgl. BAG 20.05.2009, 4 AZR 315/08 m. w. N.).

So wird eine Überprüfung mit Inkrafttreten der neuen Entgeltordnung zum TVöD-VKA wohl in jedem Fall erforderlich.

Der Weg zur Eingruppierung

Alle Tarife des öffentlichen (und kirchlichen) Dienstes setzen für eine korrekte Ermittlung der Eingruppierung tarifkonforme Stellenbeschreibungen voraus (vgl. Richter/Gamisch, StB, S. 22), die bestimmten Anforderungen entsprechen müssen:

Die Stellenbeschreibung im Zentrum des (neuen) Tarifrechts

Die Stellenbeschreibung dient der Dokumentation der Tätigkeit eines Stelleninhabers. Sie besitzt organisatorische (welche Aufgaben auf welchen Arbeitsplätzen im Betrieb wahrgenommen werden, in welchem hierarchischen Zusammenhang die Stelle angesiedelt ist, etc.) sowie arbeitsrechtliche (z. B. hinsichtlich des Direktionsrechts) Bedeutung und kann im Einzelfall Konsequenzen für die tarifliche Eingruppierung haben. Als Grundlage für eine solche Eingruppierung kommt sie in Betracht, soweit sie die tatsächlich ausgeübten einzelnen Tätigkeiten und Arbeitsvorgänge des Stelleninhabers ausreichend differenziert wiedergibt und damit der Identifizierung der auszuübenden Tätigkeit dient. Sofern die Entgeltgruppen bestimmte Fachkenntnisse und Fertigkeiten, die Erbringung selbstständiger Leistungen, Eigenverantwortlichkeit oder besondere Anforderungen an analytische Fähigkeiten voraussetzen, ist die Stellenbeschreibung allenfalls dann dienlich, wenn sie in erkennbar gewollter Übereinstimmung mit den jeweiligen tariflichen Begrifflichkeiten entsprechende Angaben enthält. Das dürfte ausnahmsweise dann gegeben sein, wenn sie von einer Stelle angefertigt wurde, die über die entsprechenden Tarifkenntnisse verfügt und erkennbar auf die tariflichen Tätigkeitsmerkmale abgestellt hat. Die Einschätzung eines Vorgesetzten des Arbeitsplatzinhabers ist unerheblich (vgl. BAG 21.03.2012, 4 AZR 292/10, ZTR 2012, S. 628 ff.).

Wichtig: Das Ziel solcher tarifkonformen Stellenbeschreibungen kann auf unterschiedlichen Wegen erreicht werden: Ein „Königsweg" zur richtigen Eingruppierung existiert nicht (vgl. Richter/Gamisch, AuA 2011, S. 42 ff.); es muss lediglich ein „gangbarer Weg" gewählt werden.

Die Beauftragung von nicht geschulten Führungskräften, „auf die Schnelle" solche tarifkonformen Stellenbeschreibungen anzufertigen, wird in keinem Fall zum Erfolg führen. Der Führungskraft in ihrer Rolle als Fachvorgesetzter fehlen regelmäßig die erforderlichen tarifrechtlichen Kenntnisse. Diese sind auch nicht „einfach" und in „kürzester Zeit" zu erlangen. Im Grunde ist es auch nicht deren Aufgabe, derartig spezialisierte Arbeitsaufträge zu erfüllen. Anders lautende Forderungen sind genauso zum Scheitern verurteilt, wie Befragungen der Stelleninhaber im Wege von Fragebogenaktionen. Diese werden nur vom „Hochschulkatheder" aus oder von praxisfernen Beratern empfohlen. Die Praxis zeigt vielmehr, dass nur zwei Verfahren Erfolg versprechen: das Stelleninterview über den direkten Weg bzw. über die Führungskräfte nach entsprechendem Training und Coaching (vgl. Richter/Gamisch, NEO).

Interview-Verfahren – Training und Coaching der Führungskräfte

Verfahrensunabhängige Vorbereitung

1. Ziele bestimmen: Für welche Zwecke sollen Stellenbeschreibungen (StB) eingesetzt werden?
2. Entwicklung des Stellenbeschreibungsformulars
3. Bestimmung der Anzahl der zu beschreibenden Stellen

Interview-Verfahren

1. Reihenfolge der zu untersuchenden Organisationseinheiten festlegen
2. Interne Aufgabenverteilung festlegen
3. Information aller Beteiligten
4. Interviews inhaltlich und organisatorisch vorbereiten
5. Interviews durchführen
6. Interviews auswerten und StB-Entwürfe erstellen
7. StB-Entwürfe abstimmen
8. Endgültige StB ausfertigen
9. Inkraftsetzen und Veröffentlichen

Training und Coaching der Führungskräfte

1. Information aller Beteiligten
2. Training der Führungskräfte im Erstellen von StB durch in- oder externe Fachkräfte
3. Erstellen der StB durch die Führungskräfte
4. Prüfen der StB durch in- oder externe Fachkräfte
5. Abstimmen der personalwirtschaftlich und tarifrechtlich erforderlichen Änderungen mit den Führungskräften
6. Ausfertigen der endgültigen StB

Quelle: IPW – Institut für PersonalWirtschaft GmbH

Stellenbeschreibungen können auf unterschiedlichen Wegen in der Dienststelle bzw. im Betrieb eingeführt werden.

Die Auswahl eines geeigneten Verfahrens richtet sich nach den genannten Aspekten. Grundsätzlich kann die Entscheidung nur unternehmens-/dienststellenbezogen anhand dieser Kriterien getroffen werden:

1. Das Interview-Verfahren ist geeignet, wenn die Stellenbeschreibungen als offizielles Führungs- und Organisationsmittel eingesetzt und sie dem Stelleninhaber nach ihrer Entwicklung (in welcher Form auch immer) zur Verfügung gestellt werden (einführend Richter/Gamisch, RiA 2007, S. 145 ff., vertiefend Richter/Gamisch, StI).
2. Die Entwicklung von Stellenbeschreibungen durch Training und Coaching der Führungskräfte ist demgegenüber auch dann zweckmäßig, wenn die Stellenbeschreibungen später nicht „veröffentlicht" werden, sondern ausschließlich Voraussetzung für die Festlegung der Stellenbewertung und Eingruppierung sind und keine offensive personalwirtschaftliche Informationspolitik betrieben werden soll.

Praxis-Tipp:

In der Literatur wird immer wieder die Fragebogentechnik als mögliche Form beschrieben. Diese hat sich nach unseren Kontakten zu den unterschiedlichsten Einrichtungen des öffentlichen und kirchlichen Dienstes nicht bewährt. Die Mitarbeiter fühlen sich häufig überfordert, eine Vielzahl von Fragen zu beantworten, deren Sinn und Zweck sich ihnen nicht immer klar erschließt. Auch begleitende Ein- und Unterweisungen können dies kaum verhindern. Die deshalb erforderlichen Nachfragen sind regelmäßig so umfangreich und zeitintensiv, dass der unmittelbare Einsatz der Interview-Technik insgesamt wirtschaftlicher ist.

Entwicklung von Stellenbeschreibungen mit unmittelbarer Einbindung der Stelleninhaber: Das Interview-Verfahren

Ziel des Verfahrens ist die sachgerechte Entwicklung von Stellenbeschreibungen durch die entsprechenden Fachleute aus der Personal- bzw. Organisationsabteilung (zur Zuständigkeitsfrage siehe Richter/Gamisch, StB, S. 72 ff.) unter größtmöglicher Einbindung der derzeitigen Stelleninhaber und Führungskräfte. Die Besonderheit des Verfahrens besteht im Gegensatz zur noch verbreiteten Praxis darin, dass nicht die Fachabteilungen bzw. die Stelleninhaber selbst Stellenbeschreibungen verfassen, sondern entsprechend personalwirtschaftlich und tarifrechtlich ausgebildete Fachleute, um eine vergleichbare Qualität aller Stellenbeschreibungen in der Organisation (Unternehmen/Dienststelle) sicherzustellen.

Die Interview-Methode als Kernelement dient dabei der Erfassung aller zur Entwicklung von Stellenbeschreibungen erforderlichen Informationen, wie Aufgaben, Einzeltätigkeiten, Fachkenntnisse, Erfahrungen und Befugnisse direkt bei den Stelleninhabern und Führungskräften der einzelnen Organisationseinheiten vor Ort.

Gerade wenn vorher keine Stellenbeschreibungen oder vergleichbare Dokumentationen zur Aufbau- und Ablauforganisation existieren, ist dieses Verfahren zu empfehlen, da die Stelleninhaber und Führungskräfte in der Regel sehr detailliert Auskunft über die Aufgabengebiete im o. g. Sinne geben können. Das Vorgehen erhöht die Transparenz und kann damit erheblich zur Akzeptanz in der laufenden personalwirtschaftlichen und führungstechnischen Anwendung beitragen.

Um diese Vorteile optimal nutzen zu können, ist eine entsprechende Vor- und Aufbereitung unabdingbar.

Das Stelleninterview ist die Grundlage für die Anfertigung der Stellenbeschreibung, die dann die Grundlage für die Eingruppierung liefert (zu den Verfahrenseinzelheiten siehe auch Richter/Gamisch, StB, S. 46 ff.; zum Stelleninterview siehe auch Richter/Gamisch, StI). Stellenbeschreibungen an sich unterliegen nicht der Mitbestimmung der Arbeitnehmervertretung (zu den Einzelheiten siehe S. 89 ff.). Die Eingruppierung bzw. Umgruppierungen sind aber mitbestimmungspflichtig (zum Begriff der Eingruppierung siehe auch S. 94 f.). Dabei kann es sinnvoll sein, den Betriebs- bzw. Personalrat bereits im Vorfeld einzubinden.

Training und Coaching der Führungskräfte

Die Einführung tarifkonformer Stellenbeschreibungen über das Training und Coaching der Führungskräfte kann eine sinnvolle Alternative zum Stelleninterview darstellen. Im Unterschied zum Interview-Verfahren erfolgt die Entwicklung von Stellenbeschreibungen nicht durch die Fachleute der Personal- bzw. Organisationsabteilung, sondern durch die Führungskräfte der einzelnen Organisationseinheiten. Um gleichwohl zu sachgerechten und verwertbaren Ergebnissen zu gelangen, werden die Führungskräfte durch entsprechende Fachleute trainiert und gecoacht (vgl. Richter/Gamisch, RiA 2010, S. 97 ff.).

Für die Mehrheit der Führungskräfte ist diese Rolle neu und ungewohnt. Deshalb muss auch die Einführung dieses Verfahrens gut vorbereitet werden.

Im ersten Verfahrensschritt gilt es, die Führungskräfte in Form einer Veranstaltung mit anschließender Diskussions- und Fragerunde umfassend über das Vorhaben zu informieren. Inhalte der Veranstaltung sind im Einzelnen Anlass und Ziel, Vorgehensweise sowie die konkrete Einbindung der Führungskräfte.

Über Ziel und Anlass der Entwicklung und Einführung von Stellenbeschreibungen sollten Dienststellenleitung bzw. Arbeitgeber selbst informieren, um eine breite Transparenz- und Vertrauensbasis für die effektive Zusammenarbeit zwischen Trainern und Lernenden zu schaffen. Im Rahmen der Einführung von Stellenbeschreibungen im Wege dieses Verfahrens sind folgende Fragen immer wieder für die Führungskräfte von Bedeutung:

- Aus welchem Grund werden Stellenbeschreibungen eingeführt?
- Warum sollen die Stellenbeschreibungen von den Führungskräften erstellt werden?

In diesen Fragen stecken sowohl Befürchtungen als auch Bedürfnisse. Die Sorgen kreisen vor allem um denkbare Herabgruppierungen. Bei der anderen Fragestellung geht es um etwas Grundsätzliches, was zuweilen auch offen angesprochen wird: „Sollen wir jetzt noch die Arbeit der Personalabteilung machen?“

Es ist grundsätzlich zutreffend, dass eine Führungskraft des öffentlichen Dienstes als Fachvorgesetzter nicht befähigt sein muss, eine tarifkonforme Stellenbeschreibung zu verfassen. Für dieses Ziel sind so weitreichende und vertiefte Kenntnisse des Eingruppierungsrechts erforderlich, die zudem wegen des großen Einflusses der Rechtsprechung der Arbeitsgerichte ständig aktualisiert werden müssen. Vor diesem Hintergrund haben wir aus unserer Praxis sogar Zweifel, ob das Verfassen von Stellenbeschreibungen in der Organisation richtig aufgehoben ist. Wir vertreten demgegenüber die Ansicht, dass regelmäßig nur die Personalabteilungen über das aktuelle (!) Wissen verfügen.

Wie immer bestätigen Ausnahmen die Regel: Stellenbeschreibungen können auch in der Organisation verfasst werden, wenn dort das erforderliche tarifrechtliche Know-how – auf dem neuesten Stand der Rechtsprechung – besteht. Damit wird deutlich, warum ein Fachvorgesetzter sich zu Recht überfordert, besser – nicht zuständig – fühlen darf. Die für die Anfertigung von Stellenbeschreibungen zuständige Organisationseinheit kann allerdings erwarten und verlangen, dass ihr zugearbeitet wird. So ist das Aufschreiben von Tätigkeiten – möglicherweise grob in die Richtung von Arbeitsvorgängen vorsortiert – auch von einem im jeweiligen Tarifrecht ungeschulten Vorgesetzten zu erwarten.

Der Sachverhalt ist aber anders, wenn sich die Dienststellenleitung bewusst für die Methode des Trainings und Coachings der Führungskräfte entscheidet. Bei dieser Wahl sollte begründet werden, warum andere Wege gerade nicht beschritten werden. Es sollte deutlich gemacht werden, welche Bedenken die Dienststellenleitung gegenüber den anderen Verfahren hatte. Für diese Erklärungen sollten Zeit und Raum zur Verfügung gestellt werden, damit die Betroffenen sich mit den an sie gestellten Erwartungen tatsächlich auseinandersetzen können.

Es ist unerlässlich, die Führungskräfte über die Vorgehensweise im Einzelnen zu informieren. Dazu zählt nicht nur die Darstellung und Erläuterung der oben genannten einzelnen Verfahrensschritte, sondern auch die Definition der wichtigsten Begriffe (Stellenbeschreibung in Abgrenzung zur Stellenbewertung und Eingruppierung) sowie die Vorstellung und Erläuterung des zur Anwendung kommenden Stellenbeschreibungsformulars.

Im zweiten Verfahrensschritt erlernen die Führungskräfte das Erstellen von Stellenbeschreibungen, im Einzelnen:

- alle wesentlichen tariflichen Grundlagen, die bei der Erstellung von Stellenbeschreibungen berücksichtigt werden müssen
- die Anwendung des eingesetzten Stellenbeschreibungsformulars
- das wertneutrale und allgemeinverständliche Beschreiben von Aufgaben und Tätigkeiten

Das Schulen der tarifvertraglichen Grundlagen ist zwingend erforderlich, um die Führungskräfte ausreichend für die Thematik zu sensibilisieren und ihnen den notwendigen Einblick in die Grundlagen des Eingruppierungsrechts zu ermöglichen. Sie müssen lernen, welche tariflichen Regelungen entscheidend für die Beschreibung einer Stelle sind und wie diese im Einzelnen durch Rechtsprechung und Literatur ausgelegt und angewendet werden. Dieses Wissen wird später auch im Zusammenhang mit der eigentlichen Führungstätigkeit von Vorteil sein.

Auf diesem Fundament erfolgt die Erläuterung des Stellenbeschreibungsformulars. Die einzelnen Punkte werden im Hinblick auf die Begriffe und die einzufüllenden Inhalte erklärt. Dieser detaillierten Besprechung sollten in jedem Fall praktische Übungen folgen. Nur so kann der Trainer beurteilen, ob die Führungskräfte anhand des Gelernten in der Lage sind, Stellenbeschreibungen zu verfassen. Deshalb sollte dem Übungsteil ausreichend Raum beigemessen werden. In der Praxis hat sich hier ein Schulungszeitraum von ein bis zwei Seminartagen als ideal erwiesen. Die Dauer richtet sich letztendlich nach der Vielfalt der zu beschreibenden Aufgaben. Die Schulung kann am Stück oder in zwei Teilen erfolgen. Bei einer Teilung sollten aber beide Termine nicht zu weit auseinanderliegen, damit die Lernenden ohne übermäßigen Wiederholungsaufwand den Schulungsteil der Stellenbeschreibung aufnehmen und verarbeiten können. Im Übrigen ist ein zielführender didaktischer Ansatz zu wählen.

Nach Abschluss der Schulung(en) sollte den Führungskräften für den dritten Verfahrensschritt ein Zeitraum von mindestens vier bis sechs Wochen zur Verfügung stehen, in dem sie die Stellen ihrer Organisationseinheiten entsprechend beschreiben. Die von den Führungskräften erstellten Stellenbeschreibungen werden im vierten Verfahrensschritt von Fachleuten der Personalabteilung noch einmal überprüft. Dabei ist auf zwei Aspekte besonders zu achten:

1. Handelt es sich bei den beschriebenen Aufgaben tatsächlich um aus-zu-übende, nicht aber aus-ge-übte Tätigkeiten? Die Beschreibungen der Führungskräfte geben den Ist-Stand der Aufbau- und Ablauforganisation wieder. Dieser ist aber für die Bewertung der Stellen und die darauf aufbauende Eingruppierung der Mitarbeiter unerheblich. Maßgeblich ist allein die auszuübende Tätigkeit. Im Ergebnis wird es nur der Personalabteilung möglich sein, diese festzustellen. Das Hauptproblem ist, dass die vertraglich getroffenen Vereinbarungen zu den übertragenen Tätigkeiten kaum detaillierte Informationen enthalten. Im Bereich des öffentlichen Dienstes ist es üblich, den Aufgabenbereich nur sehr grob zu umreißen, zum Beispiel als Mitarbeiter im nicht-technischen Verwaltungsdienst, als Sozialarbeiter, als Erzieher, als Ingenieur. In diesem Fall kann sich der Abgleich, ob die ausgeübten Tätigkeiten (Erhebungsergebnis) auch die auszuübenden sind, allein darauf beschränken, ob die genannten Funktionsbereiche (nicht) zutreffen.

2. Die Stellen sind so zu beschreiben, dass sie als Basis für die Stellenbewertung und Eingruppierung dienen können. Darüber hinaus ist insgesamt eine einheitliche Art und Weise der Darstellung der Aufgaben sicherzustellen.

In der Regel stellen die Fachleute der Personalabteilung einen Änderungsbedarf fest. Dieser ergibt sich in der Praxis aus zwei Gesichtspunkten: zum einen dem Erfordernis, eine Einheitlichkeit der Beschreibung der Stellen auch über die Organisationseinheiten hinaus zu erreichen, zum anderen aus tarifrechtlichen Erfordernissen wie der wertneutralen Beschreibung von Aufgaben. Die notwendigen Änderungen sind im Rahmen des fünften Verfahrensschritts mit jeder Führungskraft in Einzelgesprächen zu erläutern.

Die Führungskraft muss damit in die Lage versetzt werden, die im Rahmen der Erstellung der Beschreibungen aufgetretenen Fehler im Vergleich zu dem Erlernten selbst zu erkennen und zu verstehen, was eine grundsätzlich zu schulende Handlungskompetenz voraussetzt. Auf diesem Wege haben die Führungskräfte über ein individuelles Feedback die Möglichkeit, ihr in der Gruppe erlerntes Wissen ggf. zu korrigieren, zu festigen und weiter zu vertiefen.

Die Fachleute der Personalabteilung agieren somit als Coach der Führungskräfte. Darunter versteht man eine Kombination aus individueller Beratung, persönlichem Feedback und praxisorientiertem Training. Im Rahmen dieser Einzelgespräche wird schließlich die endgültige Ausfertigung der Stellenbeschreibungen besprochen und abgestimmt. Deren Umsetzung im sechsten Verfahrensschritt erfolgt dann durch die Führungskräfte.

Grundsätzlich stehen beide Verfahren gleichberechtigt nebeneinander. Allerdings ist das Stelleninterview aus unserer praktischen Erfahrung die beste Methode, die notwendigen Informationen zu erfassen (vgl. Richter/Gamisch, StI). Das Training und Coaching kann unter bestimmten Voraussetzungen eine sinnvolle Alternative darstellen (vgl. Richter/Gamisch, RiA 2010, S. 97 ff.).

Tarifkonforme Stellenbeschreibungen werden im neuen Tarifrecht ihre zentrale Bedeutung behalten und – mehr noch – weiter ausbauen:

- Sie sind zunächst ein wertvolles Führungsinstrument (z. B. bei der diskriminierungsfreien Stellenbesetzung, Arbeitsvertragsgestaltung und der Einarbeitung neuer Mitarbeiter).
- Zugleich bilden sie die unerlässliche Grundlage bei der Anwendung leistungsorientierter Bezahlung gemäß § 17 TVöD/TV-L und § 18 TVöD.
- Ohne Stellenbeschreibung kann zudem die korrekte Eingruppierung auch zukünftig nicht ermittelt werden.

Bei der leistungsorientierten Bezahlung über Zielvereinbarungsgespräche oder Bewertungsgespräche im Wege der systematischen Leistungsbewertung ist eine Gesprächsgrundlage erforderlich:

- Wie sollen Ziele vereinbart werden, wenn bereits Unsicherheit über die „normale" Tätigkeit besteht und ...
- ... wann ist eine Leistung gut oder schlecht?

Wichtig: „Ohne Stellenbeschreibung ist Beurteilung sinnlos."

(Ein Beurteiler, Grunow, Personalbeurteilung, Stuttgart 1976 S. 45; siehe Richter/Gamisch 2007, S. 62 ff.)

Im Hinblick auf die Eingruppierung sind zwei grundsätzliche Aspekte zu beachten:

1. Die neue Entgeltordnung zum TVöD-VKA wird wohl (wie schon der TV-V) eine Vielzahl neuer bzw. anderer Tätigkeitsmerkmale mit sich bringen, die sich stärker als bisher an den Berufsbildern orientieren

7

2. oder sich (wie der TV-L und TVöD-Bund) am alten BAT-Recht orientieren.
3. Aus dem Übergangsrecht heraus werden nicht wenige Eingruppierungsüberprüfungen gemäß § 17 Abs. 3 TVÜ-VKA erforderlich.

Bei diesem Thema gilt es gleichzeitig, Versäumnisse der Vergangenheit aufzuarbeiten, denn nach wie vor fehlen in Verwaltungen aktuelle und/oder tarifkonforme Stellenbeschreibungen. Im Ausblick auf das neue und künftige Tarifrecht lässt sich dieser Zustand in keinem Fall rechtfertigen. Und sollten TVöD und TV-L eine dem BAT vergleichbare Geltungsdauer erreichen, lohnt sich eine Investition in dieses Thema allemal.

Wichtig: Es ist umstritten, ob die Überleitung der Mitbestimmung des Personal- bzw. Betriebsrats unterlegen hat. Für das Personalvertretungsrecht hat das VG Mainz ein Mitbestimmungsrecht abgelehnt (vgl. VG Mainz 05.04.2006, 5 K 592/05 MZ, rkr., NZA-RR 2006, 502 ff.). Das BAG sieht die Rechtslage für das Betriebsverfassungsgesetz (BetrVG) aber anders.

BAG vom 22.04.2009

Bei der Überleitung von Arbeitnehmern nach den §§ 3 bis 7 TVÜ-VKA in das Entgeltsystem des TVöD handelt es sich als Akt der Rechtsanwendung um eine Umgruppierung, die nach § 99 Abs. 1 BetrVG dem Mitbeurteilungsrecht des Betriebsrates unterliegt.

(BAG 22.04.2009, 4 ABR 14/08)

Das Gericht geht zutreffend davon aus, dass die Überleitung in ein neues Entgeltsystem eine Umgruppierung darstellt.

Wichtig: Die Einführung neuer Tätigkeitsmerkmale ist in jedem Fall mitbestimmungspflichtig, denn das BAG hat bereits früher entschieden:

BAG vom 27.07.1993

Dass bei einer nicht nur redaktionellen Änderung der anzuwendenden Lohngruppenordnung eine Neueingruppierung erforderlich ist, entspricht der ständigen Senatsrechtsprechung ...

(BAG 27.07.1993, AP Nr. 110 zu § 99 BetrVG 1972)

Die Stellenbewertungskommission als Schlüssel zum Erfolg

Ein möglicher Weg ist das Arbeiten mit Stellenbewertungskommissionen, die zunächst viele personalwirtschaftliche Vorteile bieten:

Die Erarbeitung der für TVöD- und TV-L-Anwender unerlässlichen Stellenbeschreibungen bringt Kosten mit sich. Der Einsatz von Einzelbewertern erscheint auf den ersten Blick die finanziell günstigere Variante zu sein. Beim systematischen Einsatz eines (größeren) Bewertungsgremiums verbreitern sich demgegenüber die Entscheidungsgrundlagen und Wissensressourcen erheblich: Das Wissen der Gruppe wird von Anfang an (gemeinsam) genutzt, ruhende Ressourcen können erschlossen und ein gemeinsamer Lernprozess angestoßen werden. Zudem erhalten Betriebs- bzw. Personalräte von Beginn an einen praktischen Eindruck, welche Mühen zur Ermittlung der tarifgerechten Eingruppierung aufgewendet werden und wie schwierig sich zuweilen die Ermittlung der korrekten Eingruppierung darstellt. Dem häufig pauschal vorgetragenen Argument, die Eingruppierung sei unzutreffend (niedrig), kann so wirksam vorgebeugt werden (vgl. Richter/Gamisch, RiA 2007, S. 1 ff.).

Bei der Bewertung von komplizierten technischen Berufen (z. B. im Bereich der Informationstechnologie oder der Ingenieurwissenschaften) sind Einzelbewerter regelmäßig überfordert. Als Folge müssen viele und wiederholte Rückfragen an die Fachabteilungen, den Betriebs- bzw. Personalrat und andere Stellen gestellt werden. Als Alternative zu einer „Gruppenbewertung im Umlaufverfahren" bietet sich der gezielte Einsatz des Gremiums an, das von Anfang an die jeweiligen Experten umfasst.

Auf diesem Weg wird bei flächendeckenden Beschreibungen und Bewertungen, aber auch beim Einsatz bei Muster- bzw. Schlüsselstellen ein transparentes Verfahren der Ergebnisfindung garantiert, das eine allgemeine Akzeptanz findet. Damit verbunden wird die Hoffnung, dass sich notwendigerweise anschließende Mitbestimmungsverfahren im Hinblick auf die Ein- oder Umgruppierung vereinfachen und beschleunigen, was wiederum Kosten senkt. Das gilt auch und gerade bei der Umstellung auf das neue Eingruppierungsrecht.

Darüber hinaus wird die „psychologische Verbindlichkeit" erhöht, so dass – in der Umstellungsphase – geringere Widerstände der Beschäftigten sowie der Führungskräfte auftreten. Widerstände sind ein nicht zu unterschätzender offener und/oder verdeckter Kostenfaktor (zu Begriff und Umfang mit Widerständen siehe Richter/Gamisch, StB, S. 68 ff. m. w. N.).

Wichtig: Mit dem Einsatz von Stellenbewertungskommissionen kann die Mitbestimmung des Betriebs- bzw. Personalrats nicht umgangen werden. Die Kommission ersetzt nicht das ordnungsgemäße Beteiligungsverfahren (vgl. LAG Rheinland-Pfalz 16.8.2000, 10 Sa 369/00; ArbG Mainz, auswärtige Kammer Bad Kreuznach 22.05.2002, 7 Ca 2157/01 zit. nach Hofmann/Reidelbach, St 130). Die Stellenbewertungskommission stellt lediglich ein „Instrument" dar, das die Klärung der Eingruppierung professionalisiert, beschleunigt und konsensfähig macht.

Praxis-Tipp:

Das gilt besonders vor dem Hintergrund, dass die Einführung eines neuen Eingruppierungsrechts eine Vielzahl von Mitbestimmungsverfahren mit sich bringen wird.

Über diese allgemeinen Vorteile hinaus kann die Stellenbewertungskommission einen weiteren Baustein beim Aufbau einer modernen Unternehmens- bzw. „Verwaltungskultur" darstellen. Denn mit ihr können zugleich moderne Managementinstrumente verbunden werden, was im Zusammenhang mit der Einführung der leistungsorientierten Bezahlung ausdrücklich gewünscht wird.

Im Zentrum steht eine erfolgreiche Kommunikation. Entscheidend ist, dass sich diese nicht auf die Kommunikation zwischen wenigen Mitarbeitern beschränkt. Ziel ist es vielmehr, dass über den Einzelnen hinaus sich auch das Unternehmen bzw. die Verwaltung verbessert und weiterentwickelt, wie es insbesondere bei der Einführung des leistungsorientierten Entgelts in § 18 Abs. 1 TVöD-VKA bzw. Präambel des LeistungsTV-Bund propagiert wird. Aus Sicht der Organisations- und Personalentwicklung ist das „lebenslange Lernen" des Einzelnen (vgl. § 5 TVöD/TV-H) und die Fortentwicklung des Unternehmens bis hin zur „lernenden Organisation" unverzichtbar. Auf den Ebenen Unternehmen/Organisation, Aufgabenfeld/Tätigkeiten, Weiterbildung/Qualifikation und Mitarbeiter/Führungskraft müssen grundlegende innovations- und lernfördernde Voraussetzungen geschaffen werden, zum Beispiel durch Problemlösungsgruppen, Qualitätszirkel usw. im Allgemeinen und beispielsweise durch Stellenbewertungskommissionen im Besonderen.

Praxis-Tipp:
Auf diesem Weg wird somit zugleich aktive Personal- und Organisationsentwicklung betrieben (vgl. Richter/Kaufmann, AuA 1/2004, S. 30 ff. m. w. N.), die sich nicht auf eine „aktionistische" und systemlose Einführung von leistungsorientierter Bezahlung beschränkt.

Organisation der Stellenbewertungskommission

Von derartigen Gedanken wurden offensichtlich auch die Tarifvertragsparteien geleitet, wenn sie im Zusammenhang mit dem leistungsorientierten Entgelt betriebliche bzw. paritätische Kommissionen vorschreiben.

8

Für die Zusammensetzung und Größe einer Stellenbewertungskommission können keine pauschalen Empfehlungen gegeben werden. Organisatoren und Personaler müssen entsprechend konkreter Verhältnisse vor Ort entscheiden, welches der richtige Weg ist. Eine paritätische Kommission bietet mehr Vorteile, denn bei der Beschränkung auf einen Vertreter der Arbeitnehmerseite werden die Vorzüge der Arbeit in der Gruppe aufgegeben. Es besteht die Gefahr, dass der einzelne Betriebs- bzw. Personalrat gegen andere, ggf. dominierende Mitglieder der Kommission nicht bestehen kann.

Paritätisch besetzte Kommissionen können das Problem lösen. Zuweilen neigen Arbeitgeber dazu, auf eine ungerade Zahl zu drängen, „um sich das Letztentscheidungsrecht zu sichern". Dabei wird außer Acht gelassen, dass die Stellenbewertungskommission gerade keine Entscheidungen treffen kann. Sie wirkt vielmehr über die Methode, das heißt den Weg der Ergebnisfindung. Letztendlich entscheidet der Betriebs- bzw. Personalrat, ob er dem gefundenen Ergebnis seine Zustimmung erteilt. Ein in der Kommission vom

Arbeitgeber „durchgedrücktes" Bewertungsergebnis bietet keine Gewähr, dass die Arbeitnehmervertretung eine gleiche rechtliche Bewertung im Mitbestimmungsverfahren vornimmt.

Fazit: In der Übergangszeit gilt es, die Einführung der neuen Entgeltordnung vorzubereiten!

Zusammensetzung der Stellenbesetzungskommission

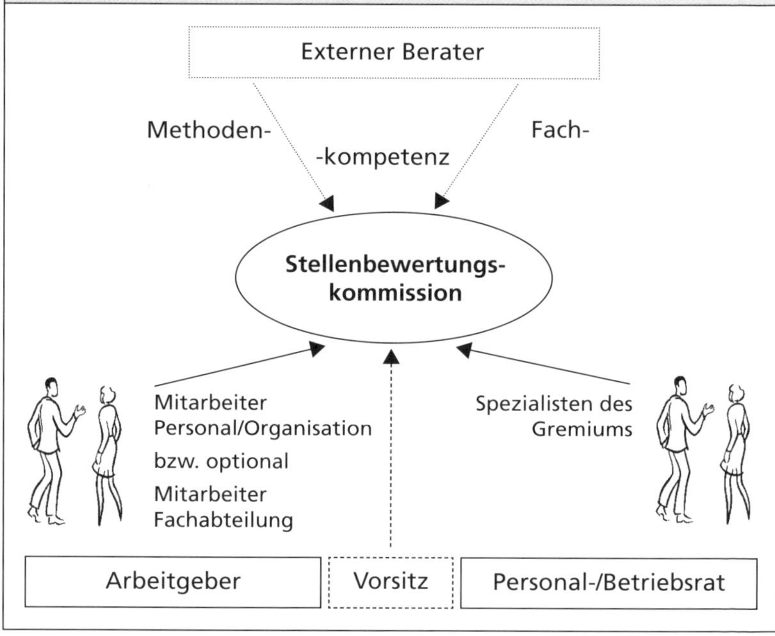

Quelle: IPW – Institut für PersonalWirtschaft GmbH

Die Mitbestimmung der Arbeitnehmervertretung

Die Beteiligung der Arbeitnehmervertreter ist bei den Fragen Stellenbeschreibung, Stelleninterview und Eingruppierung nicht einheitlich geregelt. Generell ist aber in diesem Zusammenhang zu beachten, dass die Beteiligungsrechte der Arbeitnehmervertretung grundsätzlich an (allgemeine) personelle (Einzel-)Maßnahmen anknüpfen. So sind unterschiedliche Beteiligungsrechte denkbar, die im Einzelfall zu prüfen sind.

Stellenbeschreibung und Stelleninterview

Ein einheitliches Mitbestimmungsrecht bei Stellenbeschreibungen und Stelleninterviews kennt das Arbeitsrecht nicht. Die Rechtslage ist zudem unterschiedlich, da neben das Betriebsverfassungsgesetz (BetrVG) und das Bundespersonalvertretungsgesetz (BPersVG) 16 weitere Personalvertretungsgesetze der Länder sowie mit dem MVG.EKD und der MAVO zwei Kirchengesetze treten. Gemeinsam ist den Gesetzen, dass sie der Arbeitnehmervertretung ausdrücklich die Aufgabe zuweisen, die Einhaltung von Gesetzen und Tarifverträgen zu überwachen (vgl. § 80 Abs. 1 Nr. 1 BetrVG; § 68 Abs. 1 Nr. 2 BPersVG).

Dabei ist zu berücksichtigen, dass Stellenbeschreibungen und Stelleninterviews grundsätzlich keine Auswirkungen auf die Mitarbeiter haben. Stellenbeschreibungen und Stelleninterviews sind somit zunächst keine Maßnahmen im Sinne der genannten Vorschriften.

So stellt sich die Frage, ob beide Instrumente von bestehenden Beteiligungsrechten mit abgedeckt sind:

Der Personalfragebogen

Personalfragebögen (§ 94 Abs. 1 BetrVG; § 75 Abs. 3 Nr. 8 BPersVG) ermitteln folgende personenbezogene Daten:

- allgemeine Fragen nach der Person (z. B. Name und Beschäftigungsdauer)
- persönliche Verhältnisse (z. B. Familienstand)
- beruflicher Werdegang
- fachliche Kenntnisse und Fähigkeiten

Sie dienen regelmäßig der Feststellung der Eignung eines Bewerbers oder Beschäftigten für bestimmte Aufgaben (Richter/Gamisch, StB, S. 190 f.).

Demgegenüber beziehen sich Stellenbeschreibungen und Stelleninterviews gerade nicht auf den Arbeitsplatzinhaber, sondern lediglich auf den Inhalt, den Umfang und die Bedeutung der auf einem Arbeitsplatz zu verrichtenden Tätigkeit (vgl. BVerwG 02.08.1989, AP Nr. 3 zu § 79 LPVG BW).

Deshalb sind Erhebungsbögen, die der sachbezogenen Arbeitsplatzbeschreibung dienen sollen, grundsätzlich keine mitbestimmungspflichtigen Personalfragebögen (vgl. Altvater/Baden/Berg, § 75 Rn. 190). Voraussetzung ist aber, dass keine Rückschlüsse auf das Führungs- und Leistungsverhalten bzw. die Eignung des Stelleninhabers möglich sind. Etwas anderes gilt, wenn im Stelleninterview bzw. in der Stellenbeschreibung personenbezogene Daten des Stelleninhabers aufgenommen werden, wie etwa im BMI-Formular.

Personenbezogene Daten im Sinne eines Personalfragebogens sind insbesondere Informationen über persönliche Verhältnisse, Kenntnisse und Fähigkeiten wie:

- Arbeitsrückstände
- Erforderlichkeit von Überstunden mit Angabe der Gründe und Termine
- persönliche Kenntnisse und Fähigkeiten des Mitarbeiters

(vgl. ArbG Mannheim 14.05.1985, 5 Ga 6/85 H)

Es ist umstritten, ob die Mitbestimmung in jedem Fall greift. Die Mitbestimmung entfällt, wenn die Dienststelle eine formularmäßige Zusammenstellung personenbezogener Daten der Beschäftigten vornimmt, die ihr in anderer Form bereits vorliegen. Sofern die Stellenbeschreibung Rückschlüsse auf die Eignung des Bewerbers bzw. Mitarbeiters zulässt, liegt ein mitbestimmungspflichtiger Personalfragebogen vor.

Praxis-Tipp:

Werden unabhängig von der Stellenbeschreibung personenbezogene Daten zur Personalentwicklung erhoben (z. B. Berufs-, EDV- oder Sprachkenntnisse), liegt ein mitbestimmungspflichtiger Personalfragebogen vor.

Das Ergebnis gilt entsprechend für Stelleninterviews.

Eingruppierung

Unter der Eingruppierung wird die Einordnung des einzelnen Arbeitnehmers in ein kollektives Entgeltschema verstanden (vgl. BAG 17.03.2005, AP Nr. 90 zu § 1 TVG Tarifverträge Einzelhandel).

Die Stellenbeschreibung sowie die abstrakte Bewertung der Stelle nach Maßgabe dieser Stellenbeschreibung sind keine mitbestimmungspflichtige Eingruppierung (vgl. BAG 17.11.2010, 7 ABR 123/09, NZA 2011, S. 531 = ZTR 2011, S. 391 zum BetrVG).

Bei einer Stellenbeschreibung und -bewertung, der keine (Neu-) Eingruppierung folgt, fehlt es damit an einer Auswirkung auf den Mitarbeiter. Deshalb besteht kein Mitbestimmungsrecht unter dem Aspekt der Eingruppierung.

Praxis-Tipp:
Die Arbeitnehmervertretung kann in der Regel ohne Vorlage einer aktuellen Stellenbeschreibung einer entsprechenden personellen Einzelmaßnahme (Eingruppierung, Umgruppierung, Übertragung einer höher oder niedriger zu bewertenden Tätigkeit) im Grunde nicht zustimmen, weil es an der Entscheidungsgrundlage fehlt.

Auswahlrichtlinie

Stellenbeschreibungen sind keine Auswahlrichtlinien. Auswahlrichtlinien stellen vielmehr Grundsätze zur Entscheidungsfindung bei personellen Einzelmaßnahmen dar, wenn für diese mehrere Bewerber und Beschäftigte infrage kommen. Sie definieren zu erfüllende fachliche, persönliche und soziale Voraussetzungen (vgl. Fitting 2012, § 95 Rn. 9).

Ein Mitbestimmungsrecht gemäß § 95 BetrVG scheidet deshalb aus (vgl. BAG 31.01.1984, AP Nr. 3 zu § 95 BetrVG 1972; BAG 14.01.1986, AP Nr. 21 zu § 87 BetrVG 1972 Lohngestaltung). Das gilt auch für das Personalvertretungsrecht (vgl. § 76 Abs. 2 Nr. 8 BPersVG).

Betriebliche Lohngestaltung

Ebenso scheidet das Mitbestimmungsrecht der betrieblichen Lohngestaltung aus (§ 87 Abs. 1 Nr. 10 BetrVG; § 75 Abs. 3

Nr. 4 BPersVG), denn die Beschreibung einer Tätigkeit wird erst dann Teil der betrieblichen Lohngestaltung, wenn zwischen der Stellenbeschreibung und der Entlohnung eine Verbindung hergestellt wird. Daran fehlt es sowohl im Fall von Stellen- als auch von Funktionsbeschreibungen (BAG 14.01.1986, AP Nr. 21 zu § 87 BetrVG 1972 Lohngestaltung).

Personalplanung

Eingangs wurde auf die Rechtsprechung des BAG hingewiesen, wonach Stellenbeschreibungen Gegenstand der Personalbedarfsplanung sind, weil sie die Funktion eines Arbeitsplatzes innerhalb des betrieblichen Geschehens festlegen (vgl. BAG 31.01.1984, AP Nr. 3 zu § 95 BetrVG 1972).

Dementsprechend muss die Arbeitnehmervertretung über Stellenbeschreibungen und Anforderungsprofile informiert werden (vgl. § 92 BetrVG, § 78 Abs. 3 BPersVG).

Mitbestimmungspflichtige Arbeitsmittel

Zu beachten ist, dass der Einsatz von Arbeitsmitteln zur Erstellung von Stellenbeschreibungen und Stelleninterviews regelmäßig mitbestimmungspflichtig ist: so der Einsatz von Informations- und Kommunikationstechnik, die objektiv zur Überwachung des Mitarbeiters eingesetzt werden kann, zum Beispiel Schreib- und Tabellenkalkulationsprogramme (vgl. § 87 Abs. 1 Nr. 6 BetrVG; § 75 Abs. 3 Nr. 17 BPersVG) bzw. Notebooks und Diktiergeräte für das Stelleninterview.

Das Stelleninterview und die Rechte des Mitarbeiters

Es wurde bereits erklärt, dass es ratsam ist, den Mitarbeiter über ein bevorstehendes Stelleninterview zu informieren und ihm ausreichende Gelegenheit zur Vorbereitung zu geben (siehe Seite 90; ebenso Krasemann 2005, 12. Kapitel, Rn. 300 f.). Dann taucht die Frage auf, ob der Mitarbeiter einen Anspruch darauf hat, dass ein Mitglied der Arbeitnehmervertretung an dem Stelleninterview teilnimmt.

Zunächst ist zu beachten, dass die Eingruppierung mitbestimmungspflichtig ist. Die Arbeitnehmervertretung ist im Rahmen des Mitbestimmungsverfahrens umfassend zu informieren. So kann sie in der Regel ohne Vorlage einer aktuellen Stellenbeschreibung einer entsprechenden personellen Einzelmaßnahme (Eingruppierung, Umgruppierung, Übertragung einer höher oder niedriger zu bewertenden Tätigkeit) im Grunde nicht zustimmen (vgl. Richter/Gamisch, StB, S. 186 ff. m. w. N.). Dementsprechend ist es allgemein anerkannt, dass Mitglieder des Gremiums Arbeitnehmer am Arbeitsplatz aufsuchen dürfen, um ihre Eingruppierung zu überprüfen (vgl. BAG 17.01.1989, AP Nr. 1 zu § 2 LPVG NW). Nach Ansicht des BVerwG ist allerdings das Einvernehmen mit der Dienststellenleitung herzustellen (vgl. BVerwG 09.03.1990, 6 P 15.88, PersR 1990, S. 177; siehe auch Altvater/Baden/Berg, § 68 Rn. 46 m. w. N.).

Des Weiteren kann der Arbeitnehmer im Geltungsbereich des Betriebsverfassungsgesetzes gemäß § 82 Abs. 2 BetrVG verlangen, „dass ihm die Berechnung und Zusammensetzung seines Arbeitsentgelts erläutert und dass ihm die Beurteilung seiner Leistungen sowie die Möglichkeiten seiner beruflichen Entwicklung im Betrieb erläutert werden", wobei er ein Mitglied des Betriebsrats hinzuziehen kann. Das Personal- und Mitarbeitervertretungsrecht im öffentlichen und kirchlichen Dienst kennt eine derartige Regelung nicht.

Zu der Frage, ob § 82 Abs. 2 BetrVG auch für das Stelleninterview von Bedeutung ist, gab es bisher keine Rechtsprechung, da es nicht um die Beurteilung des Arbeitnehmers geht.

Wichtig: Das Bundesarbeitsgericht hat nunmehr für das Entgeltrahmenabkommen für die Metall- und Elektroindustrie NRW (ERA), das mit den Tarifverträgen des öffentlichen Dienstes durchaus vergleichbar ist, entschieden, dass aus dieser Vorschrift ein Teilnahmerecht des Betriebsrats bei Stelleninterviews folgt (vgl. BAG 20.04.2010, 1 ABR 85/08, NZA 2010, S. 1307).

BAG vom 20.04.2010

(...) Der Arbeitnehmer kann eine Erläuterung der Berechnung und Zusammensetzung des Arbeitsentgelts im Sinne des § 82 Abs. 2 Satz 1 1. Alt. BetrVG grundsätzlich erst verlangen, wenn der Arbeitgeber dessen Tätigkeit einer tariflichen Vergütungsgruppe zugeordnet hat. Vor diesem Zeitpunkt fehlt es an einer Eingruppierungsentscheidung des Arbeitgebers, deren Inhalt dem Arbeitnehmer erläutert werden könnte. Der Wortlaut und der Normzweck der Vorschrift schließen es aber nicht aus, dass der Arbeitnehmer eine Erläuterung über die auszuübende Tätigkeit bereits im Vorfeld einer anstehenden Eingruppierungsentscheidung verlangen kann. Bei der Festlegung der Tätigkeitsinhalte handelt es sich um einen eigen-

> ständigen Verfahrensabschnitt im Rahmen der Zuordnungsentscheidung des Arbeitgebers. **Ein Gespräch über eine vom Arbeitgeber erstellte Tätigkeitsbeschreibung ermöglicht es dem Arbeitnehmer, seine unterschiedliche Sichtweise über den Inhalt der ihm übertragenen Aufgaben vor deren Bewertung durch den Arbeitgeber geltend zu machen.** Eine hierüber geführte Aussprache kann dazu beitragen, dass der Arbeitgeber die Zuordnungsentscheidung auf einer zutreffenden tatsächlichen Grundlage vornimmt.
>
> *(Hervorhebungen durch die Verfasser)*

Ob diese Rechtsprechung auch für das Personal- und Mitarbeitervertretungsrecht gilt, ist fraglich. Die Arbeitnehmervertretung muss aber umfassend über Inhalt, Form und Verfahren der Stelleninterviews informiert werden. Dieser Unterrichtungsanspruch ergibt sich aus dem allgemeinen Informationsanspruch (vgl. § 80 Abs. 2 BetrVG; § 68 Abs. 2 BPersVG).

Eingruppierung

Der Betriebsrat

Unter einer Eingruppierung im Sinne des § 99 Abs. 1 und 2 BetrVG wird die Einordnung des einzelnen Arbeitnehmers in ein kollektives Entgeltschema verstanden (vgl. BAG 17.04.2003, AP Nr. 90 zu § 1 TVG Tarifverträge: Einzelhandel). Zum Teil wird in diesem Zusammenhang auf die „erstmalige" Zuordnung der vertraglich vereinbarten Tätigkeit zu einem kollektiven Entgeltsystem klargestellt. Es wurde aber dargelegt, dass eine mitbestimmungspflichtige Eingruppierung auch dann vorliegt, wenn sich die Arbeitsaufgaben im Verlauf des Arbeitsverhältnisses wesentlich ändern, so dass eine neue Eingruppierung (sog. Umgruppierung) erforderlich wird (vgl. z. B. BAG 01.07.2009, 4 ABR 16/08 m. w. N.).

Der Begriff der Eingruppierung umfasst nicht nur die Entgeltgruppe, sondern auch die Bestimmung der Fallgruppe (vgl. BAG 27.07.1993, AP Nr. 110 zu § 99 BetrVG 1972).

Bei einer Umgruppierung erfolgt eine Änderung der Einreihung in die tarifliche Entgeltgruppenordnung. Es ist unerheblich, ob der Wechsel der Entgeltgruppe nach oben (Höhergruppierung) oder nach unten (Herabgruppierung) erfolgt oder bei geänderten Tätigkeitsmerkmalen (Fallgruppenwechsel) weiterhin das gleiche Arbeitsentgelt erzielt wird (vgl. BAG 06.08.2002, AP Nr. 27 zu § 99

BetrVG 1972 Eingruppierung; s. a. Fitting 2012, § 99, Rn. 86). Entscheidend ist, dass die Tätigkeiten des Arbeitnehmers nicht bzw. nicht mehr den Tätigkeitsmerkmalen der Entgelt- und Fallgruppe entsprechen, in die er bisher eingruppiert war (vgl. BAG 06.10.2004, AP Nr. 29 zu § 99 BetrVG 1972 Eingruppierung m. w. N.).

Der Personalrat

Gemäß Bundespersonalvertretungsgesetz (§ 75 Abs. 1 Nr. 1 BPersVG) unterliegt die Eingruppierung der Mitbestimmung. Das gilt entsprechend für das Personalvertretungsrecht der Länder.

Die Rechtsprechung des BAG zum Betriebsverfassungsgesetz und des BVerwG zum Personalvertretungsrecht stimmt grundsätzlich überein: Unter einer Eingruppierung wird die Einordnung des einzelnen Arbeitnehmers in ein kollektives Entgeltschema verstanden (BVerwG 25.06.2008, 6 P 15.08; BVerwG 13.10.2009, 6 P 15.08; BVerwG 22.10.2007, PersV 2008, S. 103). Zum Teil wird in diesem Zusammenhang auf die „erstmalige" Zuordnung der vertraglich vereinbarten Arbeitsleistung zu einem kollektiven Entgeltsystem abgestellt. Es wurde aber klargestellt, dass eine mitbestimmungspflichtige Eingruppierung auch vorliegt, wenn sich die Arbeitsaufgaben im Verlauf des Arbeitsverhältnisses wesentlich ändern, sodass eine neue Eingruppierung erforderlich wird (vgl. BVerwG 08.12.1999, AP Nr. 74 zu § 75 BPersVG). Der Begriff der Eingruppierung umfasst auch hier Entgelt- und Fallgruppe (vgl. BVerwG 13.10.2009, 6 P 15.08 zum TV-L und BVerwG 07.03.2011, 6 P 15.10 zum TVöD).

Von einer solchen wesentlichen Änderung ist auszugehen, wenn der Arbeitnehmer umgesetzt wird. Umsetzung bedeutet die Zuweisung eines anderen Arbeitsplatzes und damit verbunden den kompletten Wechsel des bisherigen Tätigkeitsbereichs. Eine Umsetzung liegt aber auch vor, wenn es sich beim neuen Arbeitsplatz nicht um einen komplett neuen Tätigkeitsbereich handelt, sich dieser aber so wesentlich vom alten Tätigkeitsbereich unterscheidet, dass er eine grundsätzlich andere Prägung aufweist. Ein wichtiges Indiz für eine solche Änderung ist – bei Beibehaltung der Lohn-/Vergütungs- bzw. Entgeltgruppe – ein Fallgruppenwechsel (BVerwG 08.11.2011, 6 P 23.10, PersR 2012, S. 36 = RiA 2014, S. 44 = NZA-RR 2012, S. 162 = ZTR 2012, S. 123).

Dementsprechend hat der Hess. VGH ausgeführt, dass im Rahmen des Mitbestimmungsverfahrens nicht nur die Stellenbeschreibung, sondern auch eine den Grundsätzen des § 22 Abs. 2 BAT entsprechende Begründung der Eingruppierung durch den Arbeitgeber erfolgen muss (Hess. VGH 06.11.2012, 2 A 2203/11. Pr; PersR 2013, S. 330)

Wichtig: Im Mitbestimmungsverfahren hat der Betriebs- bzw. Personalrat ein Mitbeurteilungsrecht, ob der Arbeitgeber den „Akt der Rechtsanwendung" richtig vollzieht und die Tarifautomatik richtig anwendet.

Dazu hat das BAG beispielhaft für den Betriebsrat näher ausgeführt:

BAG vom 03.05.2006

Das Mitbestimmungsrecht des Betriebsrats nach § 99 Abs. 1 und 2 BetrVG besteht in den Fällen der Ein- und Umgruppierung in einem Recht auf Mitbeurteilung der Rechtslage. Die korrekte Einreihung des Arbeitnehmers in einer im Betrieb geltenden Vergütungsordnung ist keine ins Ermessen des Arbeitgebers gestellte, rechtsgestaltende Maßnahme, sondern Rechtsanwendung. Die Beteiligung des Betriebsrats nach § 99 BetrVG soll dazu beitragen, dass dabei möglichst zutreffende Ergebnisse erzielt werden. Sie dient der einheitlichen und gleichmäßigen Anwendung der Vergütungsordnung und damit der innerbetrieblichen Lohngerechtigkeit sowie der Transparenz der Vergütungspraxis (...).

(BAG 03.05.2006, NZA 2007, S. 47, 49)

9

Landespersonalvertretungsgesetze

Das Personalvertretungsrecht der Länder ist in 16 Einzelgesetzen geregelt. Dabei enthalten die Personalvertretungsgesetze der Länder im Vergleich zum Bundespersonalvertretungsgesetz neben vielen gleichartigen Beteiligungsrechten zahlreiche Abweichungen und Besonderheiten. Zum Betriebsverfassungsgesetz bestehen zudem strukturelle Unterschiede.

Übersicht: Beteiligungstatbestände

System	Eingruppierung	Umgruppierung (Höher-/Herabgruppierung)	Übertragung höher/niedriger zu bewertender Tätigkeiten	Stelleninterview
BetrVG	Mitbestimmung § 99 Abs. 1	Mitbestimmung § 99 Abs. 1	Mitbestimmung § 99 Abs. 1	Teilnahme § 82 Abs. 2
BPersVG	Mitbestimmung § 75 Abs. 1 Nr. 2	Mitbestimmung § 75 Abs. 1 Nr. 2	Mitbestimmung § 75 Abs. 1 Nr. 2	–
LPVG NRW	Mitbestimmung § 72 Abs. 1 Nr. 4	Mitbestimmung § 72 Abs. 1 Nr. 4	Mitbestimmung § 72 Abs. 1 Nr. 4	ggf. Teilnahme § 65 Abs. 3 Satz 3
LPVG BW	Mitbestimmung § 71 Abs. 1 Nr. 3	Mitbestimmung § 71 Abs. 1 Nr. 3	Mitbestimmung § 71 Abs. 1 Nr. 7a: wenn länger als zwei Monate	–
HPVG	Mitbestimmung § 77 Abs. 1 Nr. 2. b)	Mitbestimmung § 77 Abs. 1 Nr. 2. b)	Mitbestimmung § 77 Abs. 1 Nr. 2. b)	–
NPersVG	Mitbestimmung § 65 Abs. 2 Nr. 2	Mitbestimmung § 65 Abs. 2 Nr. 2	Mitbestimmung § 65 Abs. 2 Nr. 3	–
SächsPersVG	eingeschränkte Mitbestimmung § 80 Abs. 1 Nr. 1	eingeschränkte Mitbestimmung § 80 Abs. 1 Nr. 2	eingeschränkte Mitbestimmung § 80 Abs. 1 Nr. 2	–
MVG.EKD	Mitbestimmung § 42 Buchstabe c)	Mitbestimmung § 42 Buchstabe c)	Mitbestimmung § 42 Buchstabe d)	–
MAVO	Mitbestimmung § 35 Abs. 1	Mitbestimmung § 35 Abs. 1 Nr. 2, 3	Mitbestimmung § 35 Abs. 1 Nr. 4	–

Sonderfall Überleitung

Sofern der Betriebs- bzw. Personalrat bei der Überleitung beteiligt wird, stellt sich die Frage, ob er der neuen Eingruppierung seine Zustimmung verweigern darf. Diesbezüglich hat das Hess. LAG ausgeführt:

§ **Hess. LAG vom 17.04.2012**

Werden die Tätigkeitsmerkmale eines Tarifvertrages nach vorhergehender mitbestimmter Eingruppierung und bei gleichbleibender Tätigkeit des Arbeitnehmers unverändert in einen neuen Tarifvertrag überführt, ist eine Zustimmungsverweigerung des Betriebsrats gegenüber der Umgruppierung in den neuen Tarifvertrag mit der Begründung, die bisherige Eingruppierung sei unzutreffend, nicht begründet (vgl. 3. Oktober 1989 – 1 ABR 66/88, AP BetrVG 1972 § 99 Nr. 75 ...). Soweit Tätigkeitsmerkmale im Rahmen einer Tarifänderung unverändert bleiben und sich auch die rechtlich relevante Tätigkeit des Arbeitnehmers nicht geändert hat, fehlt ein Raum für eine erneute Mitbestimmung (BAG 18. Januar 1994 – 1 ABR 42/93 – BAGE 75/253 ...). Die Beteiligung des Betriebsrats nach § 99 BetrVG dient dann nur der Kontrolle, ob die Überleitung in den neuen Tarifvertrag zutreffend durchgeführt wurde. (...).

(Hess. LAG 17.04.2012, 4 TaBV 72/11, 4 TaBV 76/11, 4 TaBV 89/11 zur Überleitung vom BAT-VKA auf den neuen Tarifvertrag Sozial- und Erziehungsdienst, siehe Richter/Gamisch, gEG, D.1.17)

9

Schulungsanspruch der Arbeitnehmervertretung

Grundvoraussetzung für die Wahrnehmung der Beteiligungsrechte ist, dass Arbeitnehmervertreter und Personalverantwortliche vergleichbare Kenntnisse des Eingruppierungsrechts haben.

Praxis-Tipp:

Ein „asymmetrischer Wissensstand" der Beteiligten macht eine konstruktive Zusammenarbeit unmöglich.

In diesem Zusammenhang ist darauf hinzuweisen, dass die Arbeitnehmervertretung einen Schulungsanspruch hinsichtlich des Eingruppierungsrechts hat. Das gilt für Seminare zur Stellenbeschreibung entsprechend. Bei derartigen Schulungs- und Bildungsveranstaltungen handelt es sich aber um sog. Spezialschulungen (vgl. § 37 Abs. 6 BetrVG; § 46 Abs. 6 BPersVG). Deshalb hat nicht jedes, sondern nur das im Gremium für diese Aufgabe zuständige Mitglied einen Anspruch.

Zulässige Schulungsthemen sind:

- Eingruppierungsrecht des BAT
  (VGH BW 19.05.1987, 15 S 1773/86, PersR 1988, S. 84 [Leitsatz])
- Nachweisgesetz (1/2 Tag)
  (ArbG Frankfurt/Main 29.04.1998, 9 BV 233/97, AiB 1998, S. 703)
- Personalplanung und Arbeitsorganisation
  (OVG Rh-Pf 09.04.1991, 4 A 11917/90.OVG, PersR 1992, S. 156; Nds. OVG 18.03.1992, 17 L 10/90, PersV 1994, S. 25)

Schon im eigenen Interesse sollte der Arbeitgeber nicht an der Schulung der Arbeitnehmervertretung sparen.

Arbeitshilfen

Wie sieht ein tarifkonformes Stellenbeschreibungsformular aus?

Stellenbeschreibung **Unternehmen/Dienststelle**

1. Gefährdungsbeurteilung

☐ durchgeführt (siehe Anhang 1)

2. Organisatorische Eingliederung der Stelle

2.1 Organisations-einheit: ______________________

(Fachbereich/Abteilung/Team)

2.2 Bezeichnung der Stelle: ______________________

2.3 Stellennummer: ______________________

2.4 Unterstellung:

2.4.1 fachlich: ______________________

2.4.2 disziplinarisch: ______________________

(Angabe des/der unmittelbaren Vorgesetzten)

2.5 Überstellung: *(= ständig unmittelbar unterstellte Stellen)*

fachlich	*disziplinarisch*	*Anzahl/ Stellenanteil*	*Bezeichnung der Stelle*	*Stellennummer*	*tarifliche Wertigkeit*

10

3. Arbeitszeit/Beschäftigungsumfang der Stelle

☐ Vollzeit ☐ Teilzeit mit ☐ ____ % Anteil Vollzeit

☐ ____ Wochenstunden

4. Ziel(e) der Stelle

(langfristige Sollvorgabe(n) zum Aufgabenprofil der Stelle im Rahmen der Organisationsziele)

5. Erforderliche berufliche Qualifikation(en) und Erfahrung(en)

(berufsbildender Abschluss, Prüfungen, mehr-/langjährige Berufserfahrung)

bzw. vergleichbare Kenntnisse/Fähigkeiten/Erfahrungen

6. Stellvertretung

6.1 Aktive Stellvertretung *(= der Stelleninhaber vertritt)*:

a) ständig/ b) in Abwesenheit	Funktionsbezeichnung	Stellennummer	Vertretungsbereiche (= lfd. Nr. der Tätigkeitsdarstellung)	tarifliche Wertigkeit

6.2 Passive Stellvertretung *(= der Stelleninhaber wird vertreten durch):*

a) ständig/ b) in Abwesenheit	Funktionsbezeichnung	Stellennummer	Vertretungsbereiche (= lfd. Nr. der Tätigkeitsdarstellung)	tarifliche Wertigkeit

10

7. Befugnisse

7.1 Unterschrifts- und Feststellungsbefugnisse:

(Unterschriftsberechtigungen nach innen [wie z. B. Zeichnung der fachtechnischen und sachlichen Richtigkeit] und außen [wie z. B. Handlungsvollmacht, Prokura])

7.2 Entscheidungsbefugnisse:

(Fällen von Sachentscheidungen durch Ausfüllen von Ermessens-, Beurteilungs-, Gestaltungsspielräumen)

7.3 Weisungsbefugnisse:

(Rechte zur Bestimmung des Verhaltens und Handelns anderer Stellen; ggü. den gem. 2.5 zugeordneten Stellen bzw. im Einzelfall)

8. Tätigkeitsbeschreibung

Lfd. Nr.	**a) Beschreibung des Arbeitsvorgangs** *(Angabe der wesentlichen inhaltlichen Arbeitsschritte und des Arbeitsergebnisses)* **b) einzusetzende Kenntnisse und Vorschriften** *(Angabe der Paragrafen/Abschnitte etc. von Gesetzen, Verordnungen, internen Richtlinien etc.)*	Zeitanteil in %
8.1	a) b)	
8.2	a) b)	
8.3	a) b)	

9. Personalwirtschaftliche Angaben

9.1 Erstellt/Aktueller Stand:

Datum: *Ort*, den

von:

(zuständiger Mitarbeiter der Personalabteilung)

9.2 Inkrafttreten:

Datum: *Ort*, den

Unterschrift:

(Personalleitung)

Unterschrift:

(Dienststellenleitung)

9.3 Kenntnisnahme des Stelleninhabers:

Ich habe die von mir regelmäßig auszuübenden Tätigkeiten gemäß vorliegender Stellenbeschreibung (Stand: Datum) zur Kenntnis genommen. Darüber hinaus erhalte ich die für das Tätigkeitsgebiet relevanten Informationen vom zuständigen Vorgesetzten rechtzeitig und der Situation angemessen.

Mir ist darüber hinaus bekannt, dass ich verpflichtet bin, relevante Informationen dem zuständigen Vorgesetzten rechtzeitig und der Situation angemessen weiterzugeben und auf Weisung des Vorgesetzten Einzelaufträge auszuführen, die dem Wesen nach zu meinem Tätigkeitsgebiet gehören oder sich aus der dienstlichen Notwendigkeit ergeben.

Datum: *Ort*, den ______________________

Unterschrift: ______________________
(Stelleninhaber)

9.4 Kenntnisnahme der vorgesetzten Stelle/n *(siehe 2.4)*:

Datum: *Ort*, den ______________________

Unterschrift: ______________________
(zu 2.4.1) *(zu 2.4.2)*

Checkliste: Überprüfung vorhandener Stellenbeschreibungen
1. Organisationseinheit: Ist die offizielle Bezeichnung (vollständig) angegeben? 2. Bezeichnung der Stelle: Lässt sie Rückschlüsse auf den Rang und die (Haupt-)Aufgabe der Stelle zu? 3. Stellennummer: Ist sie (vollständig) angegeben? 4. Unterstellungsverhältnisse: Wird deutlich, wer Fach- und Dienstvorgesetzter ist? 5. Überstellungsverhältnisse: Liegen alle erforderlichen Angaben (Anzahl, Funktionsbezeichnung, ggf. Stellennummer, tarifliche Wertigkeit) vor? 6. Ziel(e) der Stelle: Sind sie nachvollziehbar formuliert? Stimmen Anzahl der Ziele und Anzahl der Arbeitsvorgänge überein? 7. Erforderliche berufliche Qualifikation(en) und Erfahrung (en): Sind die Angaben im Vergleich zu den übertragenen Aufgaben und Befugnissen und anhand der einschlägigen Berufsbilder nachvollziehbar und begründbar? 8. Stellvertretung: Handelt es sich bei den angegebenen Vertretungsregelungen um offizielle? Liegen alle erforderlichen Detailinformationen (ständige Vertretung/Abwesenheitsvertretung, Funktionsbezeichnung, Stellennummer Vertretungsbereiche, tarifliche Wertigkeit) vor? 9. Befugnisse: Finden sich entsprechende Verweise in der Tätigkeitsdarstellung wieder? Stimmen diese in Abgrenzung zu Kollegen und Vorgesetzten? 10. Tätigkeitsdarstellung: Sind die einzelnen Aufgaben sachgerecht nach Arbeitsvorgängen gegliedert? Sind die Arbeitsvorgänge mit ihren wesentlichen inhaltlichen Arbeitsschritten bis hin zum Arbeitsergebnis allgemein verständlich und wertfrei beschrieben? Ermöglicht die Darstellung der Arbeitsschritte eine tarifliche Bewertung? Können die Fachkenntnisse den Tätigkeiten nachvollziehbar zugeordnet werden? Sind die einzusetzenden Kenntnisse und Vorschriften so konkret, dass sie einer tariflichen Bewertung zugänglich sind?

Literaturverzeichnis

Altvater, L./Baden, E./Berg, P.: BPersVG, Frankfurt/Main 2013

Bauer, J./Bockholt, M.: Eingruppierung im öffentlichen Dienst, Köln 2010

Breier, A./Dassau, A./Faber, B.: TVöD Eingruppierung in der Praxis, Heidelberg/München/Landsberg/Frechen/Hamburg, Stand: September 2013

Clemens, H./Scheuring, O./Steingen, W.: Kommentar zum Tarifvertrag für den öffentlichen Dienst der Länder (TV-L), Stuttgart/München/Hannover/Berlin/Weimar/Dresden, Stand April 2014

Fey, D.: Analytische Bewertung geistiger Arbeit nach dem Vergütungsrecht des Bundesangestelltentarifvertrages und den kirchlichen Anstellungsordnungen vergleichbaren Inhalts, ZMV 1997, S. 226

Fieg, W./Rothländer, C.: Das ver.di-Modell einer Entgeltordnung zum TVöD und zum TV-L, ZTR 2008, S. 410–420

Fitting, K.: Betriebsverfassungsgesetz, München 2012

Herzberg, B./Schlusen, R.: Tarifvertrag Versorgungsbetriebe, Praxishandbuch zur Einführung und Anwendung des TV-V, Köln, Stand Oktober 2013

Hofmann, H./Reidelbach, D.: Tarifrecht im öffentlichen Dienst, Eingruppierung von A–Z, Köln, Stand März 2014

Repkewitz, U./Richter, A.: Personalrecht A–Z, Köln, Stand März 2014

Richter, A./Gamisch, A.: Am Anfang steht der Arbeitsvorgang – Systematisierung und aktuelle Rechtsprechung, RiA 2008, S. 145–154

Richter, A./Gamisch, A.: Das gesamte Eingruppierungsrecht, Regensburg, Stand Februar 2014 (zit. als gEG)

Richter, A./Gamisch, A.: Das Stelleninterview als Instrument der Eingruppierung, RiA 2007, S. 145–151

Richter, A./Gamisch, A.: Das Stelleninterview zur Eingruppierung, Regensburg 2011 (zit. als StI)

Richter, A./Gamisch, A.: Der Eingruppierungsrechtsstreit im öffentlichen und kirchlichen Dienst, Regensburg 2013 (zit. als EingrRStreit)

Richter, A./Gamisch, A.: Die neue Entgeltordnung erfolgreich vorbereiten, Köln 2010 (zit. als NEO)

Richter, A./Gamisch, A.: Der gescheiterte Weg zu Insourcing? – Die neue Entgeltgruppe 1 im öffentlichen Dienst, AuA 2009, S. 360–363

Richter, A./Gamisch, A.: Die neuen Hochschulabschlüsse Bachelor und Master im Eingruppierungsrecht des öffentlichen Dienstes, RiA 2009, S. 97–103

Richter, A./Gamisch, A.: Die Stellenbewertungskommission als Instrument der Eingruppierung, RiA 2007, S. 241–246

Richter, A./Gamisch, A.: Eingruppierung AVR.Diakonie in der Praxis, Regensburg 2014 (zit. als EG AVR)

Richter, A./Gamisch, A.: Eingruppierung TV-L in der Praxis, Regensburg 2013

Richter, A./Gamisch, A.: Eingruppierung Tarifvertrag Versorgung, Regensburg 2011 (zit. als EG TV-V)

Richter, A./Gamisch, A.: Meine Rechte beim neuen Leistungslohn, Regensburg 2007

Richter, A./Gamisch, A.: Stellenbeschreibung für den öffentlichen und kirchlichen Dienst, Regensburg 2014 (zit. als StB)

Richter, A./Gamisch, A.: Tarifvertrag Sozial- und Erziehungsdienst, Regensburg 2010 (zit. als TVSuE)

Richter, A./Gamisch, A.: Was ist neu im alten System? Die neue Entgeltordnung des TV-L, AuA 2012, S. 109–112

Richter, A./Gamisch, A.: Was kosten Stellenbeschreibungen im öffentlichen Dienst wirklich?, AuA 2009, S. 110–113

Richter, A./Gamisch, A.: Zeitanteile im Tarifrecht – ihre Ermittlung und Relevanz für die Eingruppierung, RiA 2008, S. 241–248

Richter, A./Gamisch, A.: Zukünftiges Eingruppierungsrecht erfolgreich vorbereiten – Öffentlicher Dienst zwischen Dynamik und Stillstand, AuA 2008, S. 106–108

Richter, A./Gamisch, A./Henseleit, E.: Die neuen AVR.Diakonie Bayern, Regensburg 2008

Richter, A./Kaufmann, M.: Stellenbeschreibung im öffentlichen Dienst – Ein Muss für korrekte Eingruppierungen, AuA 2005, S. 282–286

Schaub, G.: Arbeitsrechts-Handbuch, München 2013

Scholz, C.: Personalmanagement, München 2000

Steinherr, F.: Auszuübende Tätigkeit, Eingruppierung und Direktionsrecht – eine Bestandsaufnahme der Rechtsprechung des BAG, ZTR 2005, S. 303–310

Stichwortverzeichnis

11